MARCHA CRIANÇA

1º ANO — ENSINO FUNDAMENTAL

Maria Teresa Marsico
Licenciada em Letras pela Universidade Federal do Rio de Janeiro (UFRJ).
Pedagoga pela Sociedade Unificada de Ensino Superior Augusto Motta.
Atuou por mais de trinta anos como professora de Educação Infantil e Ensino Fundamental das redes municipal e particular do estado do Rio de Janeiro.

Maria Elisabete Martins Antunes
Licenciada em Letras pela Universidade Federal do Rio de Janeiro (UFRJ).
Atuou durante trinta anos como professora titular em turmas do 1º ao 5º ano da rede municipal de ensino do estado do Rio de Janeiro.

Armando Coelho de Carvalho Neto
Atua desde 1981 com alunos e professores das redes pública e particular de ensino do estado do Rio de Janeiro.
Desenvolve pesquisas e estudos sobre metodologias e teorias modernas de aprendizado.
Autor de obras didáticas para Ensino Fundamental e Educação Infantil desde 1993.

editora scipione

editora scipione

Presidência: Mario Ghio Júnior
Direção editorial: Lidiane Vivaldini Olo
Gerência editorial: Viviane Carpegiani
Gestão de área: Tatiany Renó (Anos Iniciais)
Edição: Mariangela Secco (coord.), Silvana dos Santos Alves Balsamão
Planejamento e controle de produção: Flávio Matuguma, Juliana Batista, Felipe Nogueira e Juliana Gonçalves
Revisão: Hélia de Jesus Gonsaga (ger.), Kátia Scaff Marques (coord.), Rosângela Muricy (coord.), Ana Paula C. Malfa, Brenda T. M. Morais, Carlos Eduardo Sigrist, Daniela Lima, Diego Carbone, Flavia S. Vênezio, Gabriela M. Andrade, Heloísa Schiavo, Hires Heglan, Kátia S. Lopes Godoi, Luciana B. Azevedo, Luís M. Boa Nova, Luiz Gustavo Bazana, Malvina Tomáz, Patricia Cordeiro, Patrícia Travanca, Paula T. de Jesus, Ricardo Miyake, Sandra Fernandez, Sueli Bossi e Vanessa P. Santos; Bárbara de M. Genereze (estagiária)
Arte: Claudio Faustino (ger.), Erika Tiemi Yamauchi (coord.), Daniele Fátima Oliveira (edição de arte)
Iconografia e tratamento de imagem: Sílvio Kligin (ger.), Claudia Bertolazzi (coord.), Camila Losimfeldt (pesquisa), Fernanda Crevin (tratamento de imagens)
Licenciamento de conteúdos de terceiros: Roberta Bento (gerente); Jenis Oh (coord.); Liliane Rodrigues e Flávia Zambon (analistas); Raísa Maris Reina (assist.)
Ilustrações: Paula Kranz (Aberturas de unidade), Ilustra Cartoon
Design: Gláucia Correa Koller (ger.), Flávia Dutra e Gustavo Vanini (proj. gráfico e capa), Erik Taketa (pós-produção)
Ilustração de capa: Estúdio Luminos

Todos os direitos reservados por Somos Sistemas de Ensino S.A.
Avenida Paulista, 901, 6º andar – Bela Vista
São Paulo – SP – CEP 01310-200
http://www.somoseducacao.com.br

Dados Internacionais de Catalogação na Publicação (CIP)

```
Marsico, Maria Teresa
    Marcha Criança : Gramática 1º ao 5º ano / Maria
Teresa Marsico, Maria Elisabete Martins Antunes ,
Armando Coelho de Carvalho Neto. -- 3. ed. -- São Paulo
: Scipione, 2020.
    (Coleção Marcha Criança ; vol. 1 ao 5)

    Bibliografia

    1. Língua portuguesa - Gramática (Ensino fundamental) -
Anos iniciais I. Título II. Antunes, Maria Elisabete
Martins III. Carvalho Neto, Armando Coelho de IV. Série

                                                CDD 372.61
20-1101
```

Índices para catálogo sistemático:
1. Língua portuguesa – Gramática – (Ensino fundamental) – Anos iniciais
Angélica Ilacqua - Bibliotecária - CRB-8/7057

2024
Código da obra CL 745874
CAE 721123 (AL) / 721125 (PR)
ISBN 9788547402839 (AL)
ISBN 9788547402846 (PR)
3ª edição
5ª impressão
De acordo com a BNCC.

Impressão e acabamento: Vox Gráfica / OP: 247477

Uma publicação **SOMOS EDUCAÇÃO**

Os textos sem referência foram elaborados para esta coleção.

Paula Kranz/Arquivo da editora

Com ilustrações de **Paula Kranz**, seguem abaixo os créditos das fotos utilizadas nas aberturas de Unidade:

UNIDADE 1: Árvore 1: seeyou/Shutterstock, **Árvore 2:** debra millet/Shutterstock, **Arbustos:** sakdam/Shutterstock, **Maçã:** Yezepchyk Oleksandr/Shutterstock, **Livro:** sevenke/Shutterstock, **Placa:** Stone background/Shutterstock, **Copo:** Anton Starikov/Shutterstock, **Bicicleta:** Vladyslav Starozhylov/Shutterstock.

UNIDADE 2: Tapete: 3DMI/Shutterstock, **Quadros:** baitong333/Shutterstock, **Janela:** Studio Light and Shade/Shutterstock, **Vaso:** dropStock/Shutterstock, **Sofá:** Pix11/Shutterstock.

UNIDADE 3: Patos: Patpong Sirikul/Shutterstock, **Porcos:** Ioan Panaite/Shutterstock, **Árvores:** majeczka/Shutterstock, **Placa:** Passakorn sakulphan/Shutterstock.

UNIDADE 4: Bola de futebol: FocusStocker/Shutterstock, **Bonecas (bebê):** SPF/Shutterstock, **Dinossauro amarelo:** Nataly Studio/Shutterstock, **Dinossauro verde:** JIANG HONGYAN/Shutterstock, **Bonecas de pano:** canbedone/Shutterstock, **Cachorro:** pogonici/Shutterstock, **Carrinho:** speedphotos/Shutterstock, **Urso:** azure1/Shutterstock, **Galo:** chanus/Shutterstock.

APRESENTAÇÃO

CARO ALUNO, CARA ALUNA,

PENSANDO EM AJUDÁ-LOS A SE TORNAREM LEITORES E ESCRITORES COMPETENTES, A COLEÇÃO **MARCHA CRIANÇA GRAMÁTICA** VAI PREPARÁ-LOS PARA DOMINAR UMA DAS MAIORES REALIZAÇÕES HUMANAS: O ATO DE ESCREVER!

DESCOBRINDO ALGUNS SEGREDOS DA LÍNGUA PORTUGUESA, COMO A COMBINAÇÃO DE SINAIS, LETRAS, PALAVRAS, IDEIAS, VOCÊS VÃO DAR FORMA A TEXTOS E SENTIR CADA VEZ MAIS O PRAZER DE LER E ESCREVER.

ESPERAMOS QUE GOSTEM DA COLEÇÃO E QUE, COM ELA, APRENDAM MUITO!

BONS ESTUDOS!

OS AUTORES.

CONHEÇA SEU LIVRO

VEJA A SEGUIR COMO O SEU LIVRO ESTÁ ORGANIZADO.

UNIDADE

SEU LIVRO ESTÁ ORGANIZADO EM QUATRO UNIDADES. AS ABERTURAS SÃO COMPOSTAS DOS SEGUINTES BOXES:

ENTRE NESTA RODA

VOCÊ E SEUS COLEGAS TERÃO A OPORTUNIDADE DE CONVERSAR SOBRE A IMAGEM APRESENTADA E A RESPEITO DO QUE JÁ SABEM SOBRE O TEMA DA UNIDADE.

NESTA UNIDADE VAMOS ESTUDAR...

VOCÊ VAI ENCONTRAR UMA LISTA DOS CONTEÚDOS QUE SERÃO ESTUDADOS NA UNIDADE.

ATIVIDADES

POR MEIO DE ATIVIDADES DIVERSIFICADAS, NESTA SEÇÃO VOCÊ VAI COLOCAR EM PRÁTICA SEUS CONHECIMENTOS E VERIFICAR SE OS CONTEÚDOS FORAM COMPREENDIDOS.

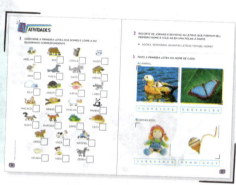

NO DIA A DIA

NESTA SEÇÃO, VOCÊ VAI ESTUDAR A GRAMÁTICA EM SITUAÇÕES DE USO E COMPREENDER QUE ELA ESTÁ PRESENTE EM NOSSO DIA A DIA.

ORTOGRAFIA

NESTA SEÇÃO, VOCÊ VAI CONHECER REGRAS ORTOGRÁFICAS E REALIZAR VÁRIAS ATIVIDADES PARA FIXAR SEU APRENDIZADO.

SAIBA MAIS

BOXE COM CURIOSIDADES E DICAS SOBRE O CONTEÚDO ESTUDADO.

AMPLIANDO O VOCABULÁRIO

ALGUMAS PALAVRAS ESTÃO DESTACADAS NO TEXTO E O SIGNIFICADO DELAS APARECE SEMPRE NA MESMA PÁGINA. ASSIM, VOCÊ PODE AMPLIAR SEU VOCABULÁRIO.

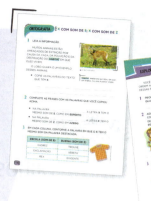

EXPLORANDO O MINIDICIONÁRIO

NESTA SEÇÃO VOCÊ TERÁ OPORTUNIDADE DE EXPLORAR O MINIDICIONÁRIO QUE ACOMPANHA A COLEÇÃO PARA DESCOBRIR O SIGNIFICADO DE PALAVRAS.

EXPLORANDO O TEMA...

A SEÇÃO ABORDA TEMAS VARIADOS PARA VOCÊ REFLETIR, AMPLIAR SEU CONHECIMENTO E DISCUTIR SUAS IDEIAS COM SEUS FAMILIARES E AMIGOS.

SUGESTÕES PARA O ALUNO

NO FINAL DO LIVRO, VOCÊ VAI ENCONTRAR INDICAÇÕES DE LIVROS, CDS, FILMES E *SITES* PARA COMPLEMENTAR SEUS ESTUDOS.

PENSAR, REVISAR, REFORÇAR

A SEÇÃO TRAZ ATIVIDADES QUE RETOMAM ALGUNS CONTEÚDOS ESTUDADOS NO DECORRER DA UNIDADE.

⋚ MATERIAL COMPLEMENTAR ⋚

CADERNO DE JOGOS

POR MEIO DE JOGOS, VOCÊ VAI ESTUDAR GRAMÁTICA DE UM JEITO MUITO DIVERTIDO!

MINIDICIONÁRIO

MINIDICIONÁRIO ILUSTRADO QUE O AJUDARÁ A DESCOBRIR O SIGNIFICADO DE PALAVRAS.

⋚ QUANDO VOCÊ ENCONTRAR ESTES ÍCONES, FIQUE ATENTO! ⋚

 EM DUPLA    EM GRUPO   ORAL    NO CADERNO

SUMÁRIO

UNIDADE 1 — SÃO TANTAS FORMAS DE LINGUAGEM ... 8

- 1 — A LINGUAGEM E A COMUNICAÇÃO ... 10
- NO DIA A DIA ... 16
- 2 — AS LETRAS DO ALFABETO ... 18
- NO DIA A DIA ... 26
- ORTOGRAFIA: PALAVRAS COM B E P ... 28
- 3 — ORDEM ALFABÉTICA ... 30
- NO DIA A DIA ... 34
- ORTOGRAFIA: PALAVRAS COM C E G ... 36
- 4 — VOGAIS E CONSOANTES ... 38
- ORTOGRAFIA: PALAVRAS COM D E T ... 42
- 5 — ENCONTROS VOCÁLICOS ... 44
- ORTOGRAFIA: PALAVRAS COM F E V ... 48
- EXPLORANDO O TEMA... INCLUSÃO ... 50
- PENSAR, REVISAR, REFORÇAR ... 52

UNIDADE 2 — MUITOS NOMES ... 54

- 6 — ENCONTRO CONSONANTAL ... 56
- ORTOGRAFIA: R E RR ... 60
- 7 — SÍLABA ... 62
- ORTOGRAFIA: L E R EM FINAL DE SÍLABA ... 66
- 8 — NOME COMUM E NOME PRÓPRIO ... 68
- NO DIA A DIA ... 74
- ORTOGRAFIA: A LETRA H ... 76
- 9 — SINÔNIMO ... 78
- ORTOGRAFIA: S INICIAL E SS ... 82
- 10 — ANTÔNIMO ... 84
- ORTOGRAFIA: A LETRA Z ... 88
- PENSAR, REVISAR, REFORÇAR ... 92

UNIDADE 3 — LER, OUVIR E ESCREVER PALAVRAS 94

- 11 — SINAIS GRÁFICOS: ACENTOS 96
- NO DIA A DIA 100
- ORTOGRAFIA: S ENTRE VOGAIS E S EM FINAL DE SÍLABA 102
- 12 — SINAIS DE PONTUAÇÃO 106
- NO DIA A DIA 110
- ORTOGRAFIA: M ANTES DE P E B 112
- 13 — SOM NASAL: TIL 114
- ORTOGRAFIA: CE, CI, Ç 116
- 14 — PONTO FINAL E VÍRGULA 120
- ORTOGRAFIA: SÍLABAS QUE, QUI 124
- 15 — MASCULINO E FEMININO 126
- ORTOGRAFIA: PALAVRAS COM LH 130
- EXPLORANDO O MINIDICIONÁRIO 133
- EXPLORANDO O TEMA... RESPEITO AOS IDOSOS 134
- PENSAR, REVISAR, REFORÇAR 136

UNIDADE 4 — DESCOBRINDO NOVAS PALAVRAS 138

- 16 — SINGULAR E PLURAL 140
- NO DIA A DIA 144
- ORTOGRAFIA: PALAVRAS COM NH 146
- 17 — AUMENTATIVO E DIMINUTIVO 149
- ORTOGRAFIA: PALAVRAS COM CH 154
- 18 — QUALIDADE DOS NOMES 156
- ORTOGRAFIA: SÍLABAS GUE, GUI 160
- 19 — PALAVRAS QUE INDICAM AÇÃO 162
- ORTOGRAFIA: X COM SOM DE CH 166
- 20 — AÇÃO: ONTEM, HOJE, AMANHÃ 168
- ORTOGRAFIA: X COM SOM DE S; X COM SOM DE Z 170
- EXPLORANDO O MINIDICIONÁRIO 171
- PENSAR, REVISAR, REFORÇAR 172
- SUGESTÕES PARA O ALUNO 174
- BIBLIOGRAFIA 176

ENTRE NESTA RODA

- QUE LUGAR É REPRESENTADO NA CENA?
- O QUE SIGNIFICAM AS SINALIZAÇÕES QUE APARECEM NA CENA?
- SE VOCÊ ESTIVESSE EM UM LUGAR COMO ESSE, O QUE VOCÊ ESTARIA FAZENDO?

NESTA UNIDADE VAMOS ESTUDAR...

- A LINGUAGEM E A COMUNICAÇÃO
- AS LETRAS DO ALFABETO
- ORDEM ALFABÉTICA
- VOGAIS E CONSOANTES
- ENCONTROS VOCÁLICOS
- LETRAS COM SOM PARECIDO: **P** E **B**; **C** E **G**; **D** E **T**; **F** E **V**

PRAÇA 2

1 A LINGUAGEM E A COMUNICAÇÃO

ACOMPANHE A LEITURA DO PROFESSOR.

HÁ MILHARES DE ANOS, QUANDO A ESCRITA AINDA NÃO EXISTIA, AS PESSOAS DESENHAVAM EM ROCHAS PARA TRANSMITIR MENSAGENS. ESSES DESENHOS CONTAVAM HISTÓRIAS E ACONTECIMENTOS.

● PINTURAS PRÉ-HISTÓRICAS NAS CAVERNAS DE LASCAUX, VALE DO VÉZÈRE, FRANÇA.

SAIBA MAIS +

AS CAVERNAS DE LASCAUX

AS CAVERNAS DE LASCAUX, LOCALIZADAS NA FRANÇA, SÃO FAMOSAS PELAS PINTURAS PRÉ-HISTÓRICAS FEITAS EM SUAS PAREDES. AS CAVERNAS FORAM DESCOBERTAS EM 1940, MAS ESTIMA-SE QUE AS PINTURAS SEJAM DE MAIS DE 14 MIL ANOS ATRÁS.

ATUALMENTE, USAMOS MUITAS FORMAS DE LINGUAGEM PARA NOS COMUNICAR UNS COM OS OUTROS. VEJA:

COM PALAVRAS	
FALANDO	ESCREVENDO

SEM PALAVRAS	
GESTOS	SÍMBOLOS

ATIVIDADES

1 NAS PÁGINAS ANTERIORES, VIMOS QUE OS SÍMBOLOS TAMBÉM SÃO LINGUAGEM.

MARQUE UM **X** NOS SÍMBOLOS QUE VOCÊ CONHECE E EXPLIQUE AOS COLEGAS O QUE ELES SIGNIFICAM.

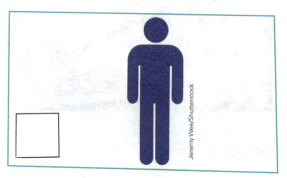
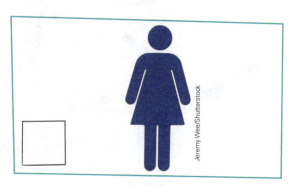

2 A HISTÓRIA EM QUADRINHOS, COM OU SEM PALAVRAS, TAMBÉM É LINGUAGEM.

CASCÃO, DE MAURICIO DE SOUSA.
SÃO PAULO: PANINI COMICS, N. 6, OUT. 2015.

A) NO PRIMEIRO QUADRINHO, O QUE SIGNIFICA O SÍMBOLO NO BALÃO DE FALA DO CASCÃO? E O GESTO QUE ELE FAZ?

B) NO SEGUNDO QUADRINHO, O QUE SIGNIFICAM AS CORES DOS LATÕES? POR QUE O MENINO OLHA SURPRESO PARA ELES?

C) NO TERCEIRO QUADRINHO, O QUE VOCÊ IMAGINA QUE O MENINO FALA PARA O CASCÃO? POR QUE CASCÃO FAZ ESSA EXPRESSÃO?

D) NO ÚLTIMO QUADRINHO, POR QUE A EXPRESSÃO DO CASCÃO NÃO É IGUAL À DO TERCEIRO QUADRINHO?

3 PINTE OS NÚMEROS, AS FIGURAS E AS LETRAS DOS QUADROS CONFORME O CÓDIGO ABAIXO.

FIGURAS   LETRAS   NÚMEROS

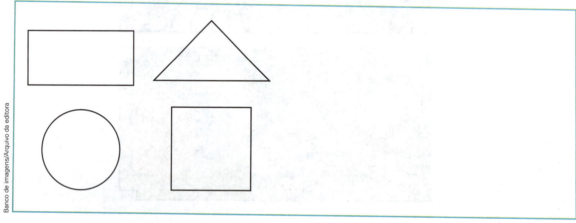

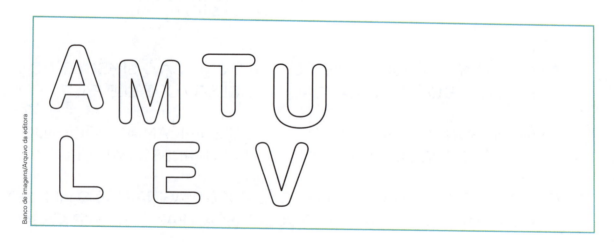

- AGORA, COMPLETE CADA QUADRO COM OUTROS NÚMEROS, FIGURAS E LETRAS.

4 O CAMINHO QUE LEVA A MENINA ATÉ O LIVRO TEM APENAS LETRAS. DESCUBRA O CAMINHO E TRACE-O.

NO DIA A DIA

1 O QUE VOCÊ MAIS VÊ NA ESCOLA ONDE ESTUDA E NO CAMINHO DE CASA PARA A ESCOLA: LETRAS, DESENHOS OU NÚMEROS? USANDO O DESENHO E A ESCRITA, REGISTRE NO QUADRO ABAIXO SUA RESPOSTA.

2 OBSERVE AS PLACAS A SEGUIR E, COM A AJUDA DO PROFESSOR, IDENTIFIQUE O QUE CADA UMA DELAS REPRESENTA.

2 AS LETRAS DO ALFABETO

VOCÊ JÁ PERCEBEU QUE TUDO TEM NOME? AS PESSOAS, OS ANIMAIS, AS PLANTAS, AS CONSTRUÇÕES, OS BRINQUEDOS...

MOSTRE COM O DEDO ONDE HÁ NOMES NESTA CENA.

NOS NOMES QUE VOCÊ ENCONTROU APARECEM VÁRIAS LETRAS. COM AS LETRAS PODEMOS ESCREVER AS PALAVRAS. OBSERVE.

BIA — ARTUR — ESCOLA — BIBLIOTECA

AS LETRAS SÃO SINAIS QUE UTILIZAMOS PARA ESCREVER. ELAS PODEM SER DE DIFERENTES FORMAS. VEJA:

Sr. Ernesto Moreno
Rua Goiatuba, 850
02001-070 São Paulo, SP
Brasil

Escola da Sabedoria
Professora: Ana Martins
Aluna: Francisca de Arruda
Relatório de Pesquisa: Temperaturas na vida diária

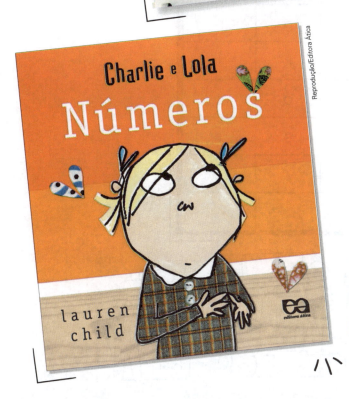

NA LÍNGUA PORTUGUESA EXISTEM 26 LETRAS.

O CONJUNTO DAS LETRAS QUE USAMOS PARA ESCREVER CHAMA-SE **ALFABETO**.

VEJA ABAIXO O ALFABETO DA LÍNGUA PORTUGUESA EM **LETRA MAIÚSCULA**. LEIA-O COM OS COLEGAS.

A	B	C	D
E	F	G	H
I	J	K	L
M	N	O	P
Q	R	S	T
U	V	W	X
Y	Z		

VEJA AGORA O ALFABETO ESCRITO EM **LETRA MINÚSCULA**.

a	b	c	d
e	f	g	h
i	j	k	l
m	n	o	p
q	r	s	t
u	v	w	x
y	z		

LETRA CURSIVA

A LETRA CURSIVA É UTILIZADA PELA MAIORIA DAS PESSOAS QUANDO SE ESCREVE À MÃO.

ATIVIDADES

1 CONTORNE A PRIMEIRA LETRA DOS NOMES E COPIE-A NO QUADRINHO CORRESPONDENTE.

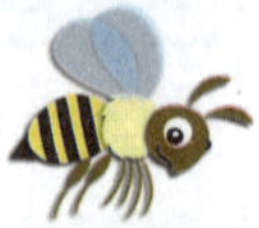

ABELHA ☐

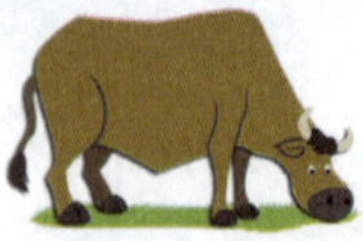

BOI ☐

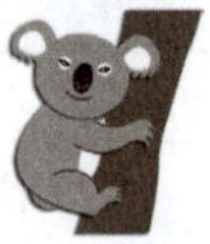

COALA ☐

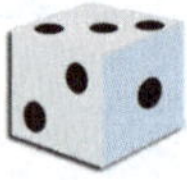

DADO ☐

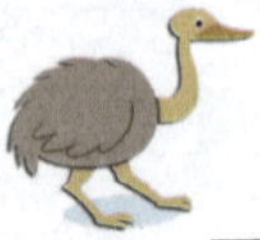

EMA ☐

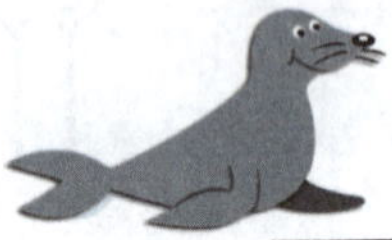

FOCA ☐

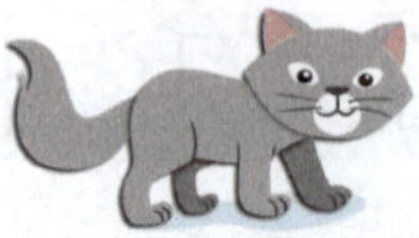

GATO ☐

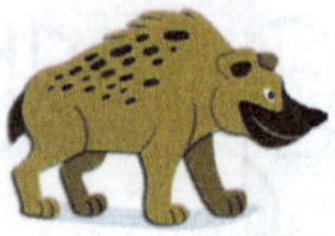

HIENA ☐

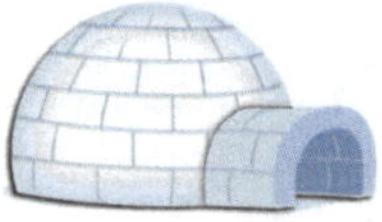

IGLU ☐

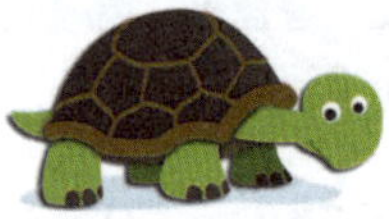

JABUTI ☐

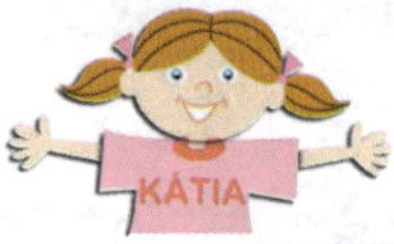

KÁTIA ☐

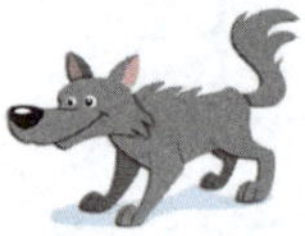

LOBO ☐

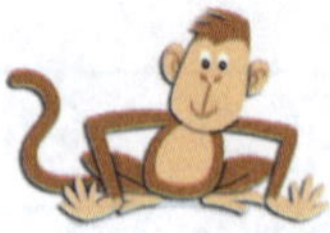

MACACO ☐

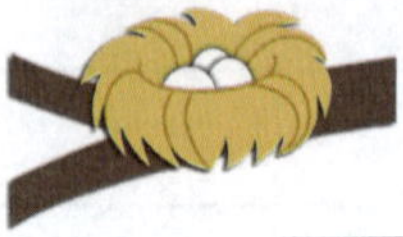

NINHO ☐

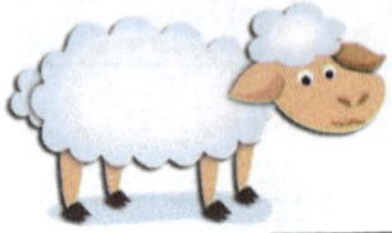

OVELHA ☐

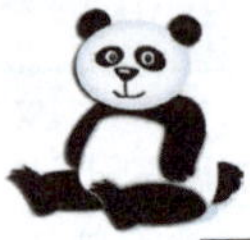

PANDA ☐

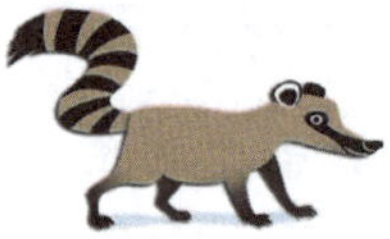

QUATI ☐

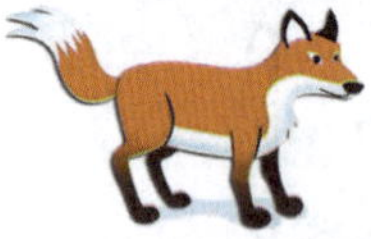

RAPOSA ☐

SAPO ☐

TATU ☐

URSO ☐

VACA ☐

WENDEL ☐

XÍCARA ☐

YARA ☐

ZEBRA ☐

Ilustrações: Ilustra Cartoon/Arquivo da editora

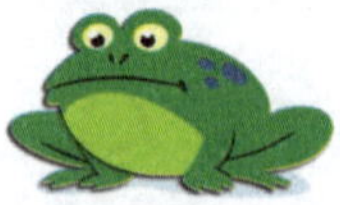

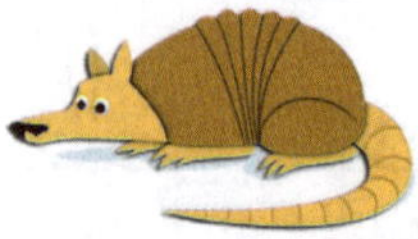

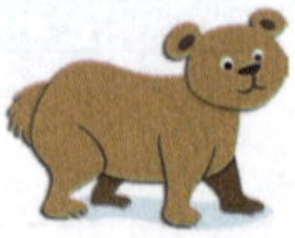

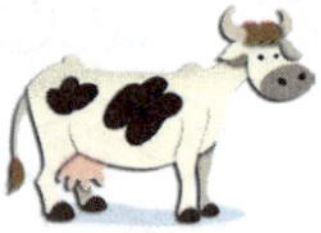

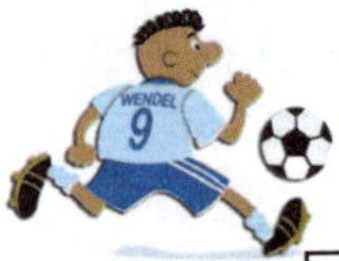

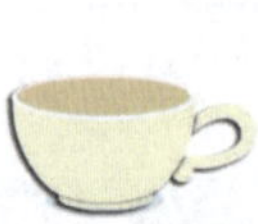

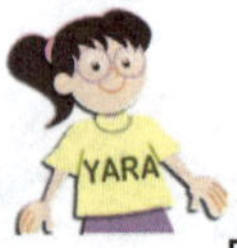

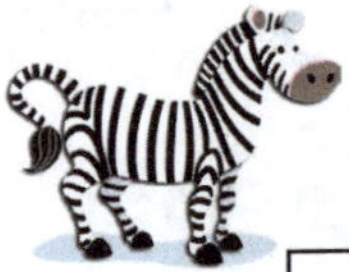

2 RECORTE DE JORNAIS E REVISTAS AS LETRAS QUE FORMAM SEU PRIMEIRO NOME E COLE-AS EM UMA FOLHA À PARTE.

- AGORA, RESPONDA: QUANTAS LETRAS TEM SEU NOME?

....

3 PINTE A PRIMEIRA LETRA DO NOME DE CADA:

A) ANIMAL.

Y U O P A I V F S

D B G V A K L R O

B) BRINQUEDO.

J U B R U A V T Z

X E N W I A P C F

4 FAÇA UM **X** NO BILHETE ESCRITO EM LETRA CURSIVA.

MAMÃE,	*Mamãe,*
FUI AO PARQUE COM A TITIA.	*Fui ao parque com a titia.*
BEIJOS,	*Beijos,*
CAROL	*Carol*

☐   ☐

5 PINTE DA MESMA COR AS PALAVRAS IGUAIS.

CASA	*vovô*	FLORESTA	*leão*
Floresta	leão	VOVÔ	*casa*
Vovô	casa	LEÃO	floresta

6 CONTORNE AS LETRAS MAIÚSCULAS QUE APARECEM NO POEMA.

Lá vai o trem...
Pra onde vai?
Vai levar três cavalheiros,
Todos três chapéu na mão,
Para ver a Margarida,
No seu castelo escondida.
E a Terezinha, meu bem?
Ficou no chão, estendida.

CANTIGA DE TREM, DE SANDRA LOPES.
SÃO PAULO: PRUMINHO, 2011.

7 USAMOS LETRA INICIAL MAIÚSCULA EM NOMES DE PESSOAS. ESCREVA COM LETRA CURSIVA:

A) O SEU NOME.

B) O NOME DAS DUAS MULHERES CITADAS NO POEMA.

NO DIA A DIA

A ESCRITA É UTILIZADA EM MUITAS SITUAÇÕES DO NOSSO COTIDIANO.

1 VEJA ABAIXO EXEMPLOS DE COMO A LETRA CURSIVA PODE SER UTILIZADA. FAÇA UM **X** NAS SITUAÇÕES EM QUE ELA COSTUMA SER MAIS USADA EM SUA CASA.

ANOTAR RECADOS

Mamãe, a vovó telefonou e pediu que você ligasse para ela.

LISTAR CONVIDADOS

- Marcela
- Rodrigo
- Clarisse
- Fábio

FAZER LISTA DE COMPRAS

1 kg de açúcar
2 repolhos
2 kg de feijão
5 kg de arroz
1 dúzia de laranjas

ENVIAR CARTÕES

Parabéns pelo seu dia! Um beijo, Jô

2 AGORA, VEJA ALGUNS EXEMPLOS DE COMO A LETRA DE IMPRENSA PODE SER UTILIZADA E FAÇA UM **X** NOS CASOS QUE VOCÊ CONHECE.

JORNAL

EMBALAGEM

FOLHETO DE CAMPANHA

ORTOGRAFIA — PALAVRAS COM B E P

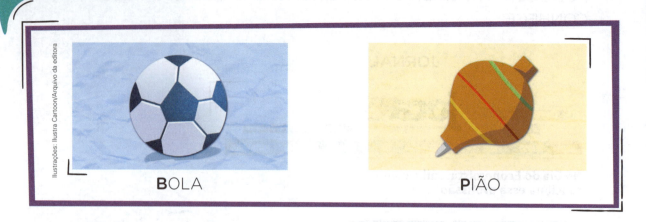

BOLA   PIÃO

1 VOCÊ CONHECE OS BRINQUEDOS ABAIXO?

PETECA   BAMBOLÊ

BILBOQUÊ   PIPA

- AGRUPE O NOME DOS BRINQUEDOS ACIMA DE ACORDO COM A LETRA INICIAL DE CADA UM DELES.

B	P

2 CONTORNE A PALAVRA QUE INDICA O NOME DE CADA FIGURA.

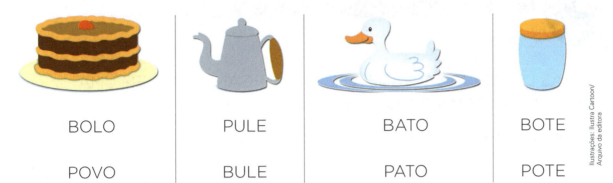

BOLO	PULE	BATO	BOTE
POVO	BULE	PATO	POTE

3 LEIA ESTES DOIS TEXTOS COM OS COLEGAS E O PROFESSOR.

B É BALA, BELA E BOLA.
B É BULA DE REMÉDIO TAMBÉM.
QUANDO ESTOU COM FOME,
B É BANANA, BOLACHA E BISCOITO.

P É PATUSCADA!
UM PATO TOCANDO PIANOLA,
DOIS PERUS TININDO PRATOS.
TRÊS PAPAGAIOS RUFANDO PANDEIROS,
QUATRO PINGUINS BATENDO PANELAS.

UM MUNDO CHAMADO ALFABETO, DE MARCO HAILER.
SÃO PAULO: CAROCHINHA, 2014.

- AGORA, ESCREVA UMA PALAVRA INICIADA COM **B** E OUTRA INICIADA COM **P** QUE VOCÊ ENCONTROU NOS TEXTOS ACIMA.

O SOM DAS LETRAS **B** E **P** É BEM PARECIDO.

3 ORDEM ALFABÉTICA

AS LETRAS DO ALFABETO ESTÃO ORGANIZADAS EM UMA SEQUÊNCIA CHAMADA ORDEM ALFABÉTICA.

- NUMERE A SEQUÊNCIA DAS 26 LETRAS.

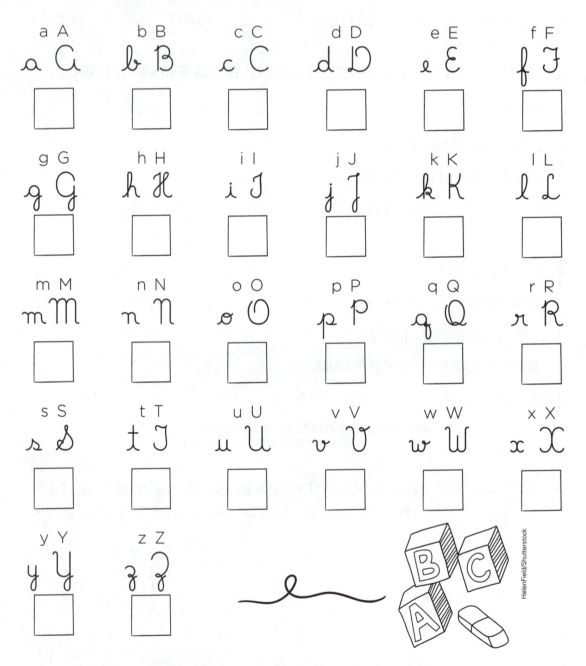

- AGORA, CONTORNE A LETRA INICIAL DO SEU NOME E DIGA EM QUE ORDEM ELA APARECE NO ALFABETO.

OBSERVE ESTAS CRIANÇAS.

PARA ENTRAR NA SALA DE AULA, CAIO, ALICE, DIANA E BRUNO SE ORGANIZARAM EM FILA DE ACORDO COM A ORDEM ALFABÉTICA DOS RESPECTIVOS NOMES.

- ESCREVA NOS BALÕES O NOME DE CADA CRIANÇA DE ACORDO COM A ORDEM ALFABÉTICA.

ATIVIDADES

1 LIGUE AS LETRAS SEGUINDO A ORDEM EM QUE ELAS APARECEM NO ALFABETO. VOCÊ VAI DESCOBRIR UM ANIMAL QUE DESAPARECEU DA TERRA MUITO ANTES DO SURGIMENTO DO PRIMEIRO SER HUMANO.

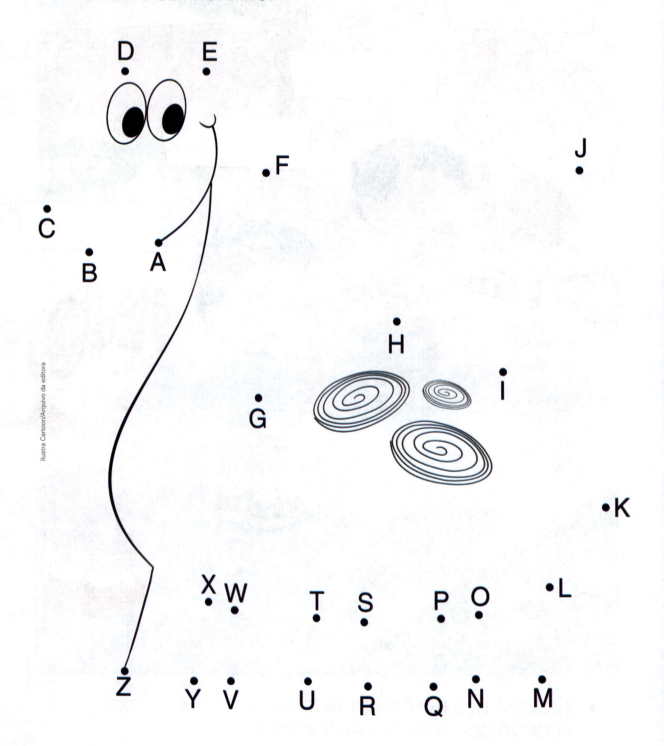

2 QUAL É A LETRA INICIAL DO NOME DESTES ALUNOS?

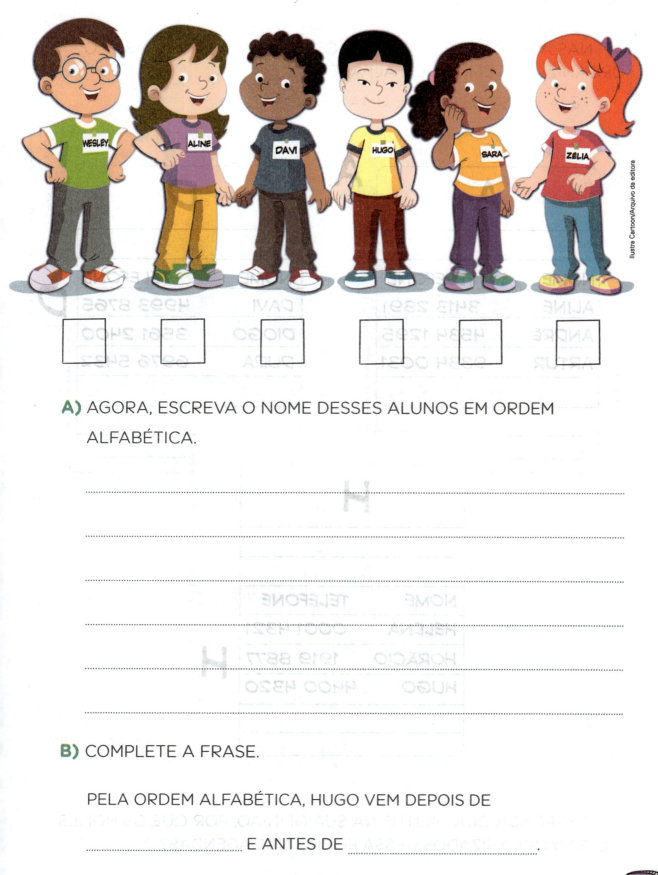

A) AGORA, ESCREVA O NOME DESSES ALUNOS EM ORDEM ALFABÉTICA.

....

....

....

....

....

....

B) COMPLETE A FRASE.

PELA ORDEM ALFABÉTICA, HUGO VEM DEPOIS DE .... E ANTES DE ....

NO DIA A DIA

NAS AGENDAS TELEFÔNICAS, OS NOMES DAS PESSOAS SÃO ORGANIZADOS EM ORDEM ALFABÉTICA.

VEJA TRÊS PÁGINAS DE UMA AGENDA.

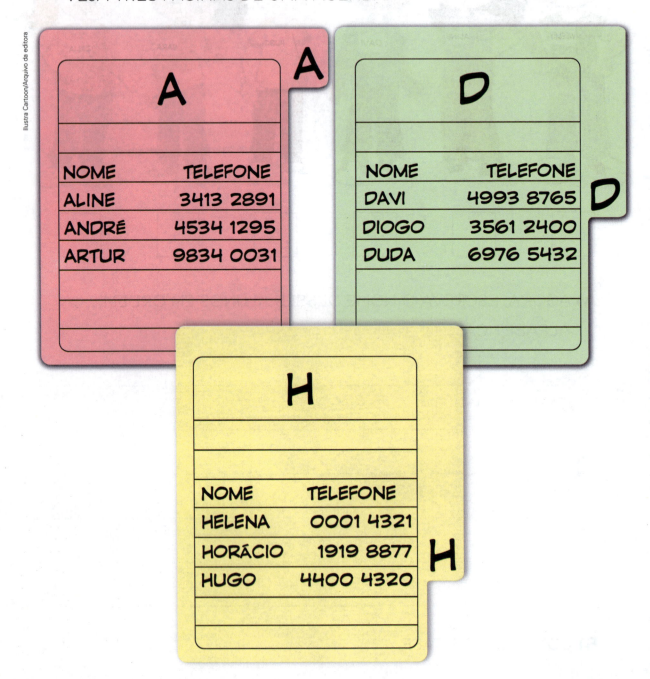

1 RESPONDA ORALMENTE: NA SUA OPINIÃO, POR QUE OS NOMES SÃO ORGANIZADOS DESSA FORMA NAS AGENDAS?

2 VAMOS FAZER UMA LISTA COM O NOME, O TELEFONE E A DATA DE ANIVERSÁRIO DOS COLEGAS DA CLASSE? ASSIM VOCÊ PODE COMEMORAR COM A TURMA O SEU ANIVERSÁRIO E O DOS COLEGAS!

- ESCOLHA ATÉ 19 COLEGAS E ESCREVA, EM ORDEM ALFABÉTICA, O NOME, O TELEFONE E A DATA DE ANIVERSÁRIO DE CADA UM DELES.

NOME	TELEFONE	DATA DE ANIVERSÁRIO

ORTOGRAFIA — PALAVRAS COM C E G

CAVALO   GALO

1 ACOMPANHE A LEITURA DA PARLENDA A SEGUIR.

MEIO-DIA
MACACO ASSOBIA
PANELA NO FOGO
BARRIGA VAZIA.
QUEM COCHICHA
O RABO ESPICHA
COME PÃO
COM LAGARTIXA.

PARLENDA POPULAR.

ESCREVA A PALAVRA DO TEXTO:

- COM **CA**. ....
- QUE TERMINA COM **GA**. ....

O SOM DAS LETRAS **C** E **G** É BEM PARECIDO.

2 CONTORNE O NOME CORRETO DAS FIGURAS.

COLA

GOLA

FICO

FIGO

3 ESCREVA A PRIMEIRA LETRA DO NOME DE CADA FIGURA E FORME PALAVRAS.

A)

B)

4 CONTORNE AS PALAVRAS QUE O PROFESSOR DITAR.

LAGARTO	GOIABA	CORTINA
MORCEGO	CORUJA	CANGURU
GORILA	CAMELO	CACAU

• AGORA, ESCOLHA UMA DAS PALAVRAS QUE VOCÊ CONTORNOU E DESENHE EM UMA FOLHA À PARTE O QUE ELA REPRESENTA.

4 VOGAIS E CONSOANTES

JÁ SABEMOS QUE O ALFABETO DA LÍNGUA PORTUGUESA TEM 26 LETRAS.

- COMPLETE O ALFABETO COM AS LETRAS QUE FALTAM.

	B	C	D		F	G
H		J	K	L	M	N
	P	Q	R	S	T	
V	W	X	Y	Z		

AS LETRAS QUE VOCÊ ESCREVEU NOS QUADRINHOS SÃO AS VOGAIS:

AS OUTRAS LETRAS SÃO AS CONSOANTES:

AS LETRAS DO ALFABETO SÃO AGRUPADAS EM **VOGAIS** E **CONSOANTES**.

ATIVIDADES

1 ESCREVA SEU NOME NO QUADRO E CONTORNE AS VOGAIS.

---

2 QUANTAS VOGAIS HÁ NO SEU NOME?

....

3 QUAIS LETRAS DO SEU NOME VOCÊ NÃO CONTORNOU?

....

- ESSAS LETRAS SÃO:

☐ VOGAIS.   ☐ CONSOANTES.

4 LEIA AS PALAVRAS A SEGUIR E ESCREVA A QUANTIDADE DO QUE SE PEDE.

BICICLETA

☐ LETRAS

☐ VOGAIS

☐ CONSOANTES

AMARELINHA

☐ LETRAS

☐ VOGAIS

☐ CONSOANTES

39

5 COMPLETE A CANTIGA COM AS VOGAIS E AS CONSOANTES QUE ESTÃO FALTANDO. DEPOIS, PINTE A FIGURA.

C......PE......INHA DE ......ELÃO

É DE SÃ...... J......ÃO,

É D...... CRA......O, É

......E...... ......OS......, É DE

M......NJER...... CÃO.

CANTIGA POPULAR.

6 ESCREVA VOGAIS PARA COMPLETAR O NOME DAS FIGURAS.

B......L...... B......L......

B......L...... B......L......

7 USE CONSOANTES E FORME PALAVRAS DIFERENTES.

......AI ......AI ......AI ......AI

40

8 USE AS CONSOANTES DO QUADRO PARA COMPLETAR O NOME DOS ANIMAIS.

B   C   G   M   L   V

_____ACA   _____EÃO   _____ATO

_____EIJA-FLOR   _____ACACO   _____AVALO

9 COMPLETE O QUADRO ABAIXO DE ACORDO COM A LETRA INICIAL DE CADA FRUTA.

ABACAXI   MELANCIA   UVA   BANANA

INICIA COM VOGAL	INICIA COM CONSOANTE

ORTOGRAFIA — PALAVRAS COM D E T

1 LEIA AS PALAVRAS DO QUADRO.

> DAMASCO   TANGERINA   TEMPERO
> DOCE   TOMATE   DETERGENTE

- AGORA, AGRUPE AS PALAVRAS DO QUADRO DE ACORDO COM A LETRA INICIAL DE CADA UMA DELAS.

INICIA COM T	INICIA COM D

2 LEIA AS PARLENDAS ABAIXO COM OS COLEGAS E COMPLETE CADA UMA DELAS COM AS PALAVRAS DO QUADRO.

> TATU   DEDO

1
.... MINDINHO,
SEU-VIZINHO,
PAI DE TODOS,
FURA-BOLO,
MATA-PIOLHO.

2
VIVA EU,
VIVA TU,
VIVA O RABO
DO ....

PARLENDAS POPULARES.

3 TROQUE A LETRA **T** PELA LETRA **D** E DESCUBRA OUTRAS PALAVRAS.

TIA ⟶ .... MOTO ⟶ ....

NATA ⟶ .... GATO ⟶ ....

4 COMPLETE A LISTA DE CONVIDADOS USANDO **D** OU **T**.

CONVIDADOS

RI____A   HEI____OR

____A____IANA   ____ANIELA

____ORA   E____UAR____O

RICAR____O   A____RIANA

ROBER____O   SEBAS____IÃO

____ENISE   ____OMÁS

5 ENCONTROS VOCÁLICOS

OBSERVE A CAPA DA REVISTA **ALMANACÃO DE FÉRIAS**, DA TURMA DA MÔNICA. O QUE ESSA TURMA ESTÁ FAZENDO?

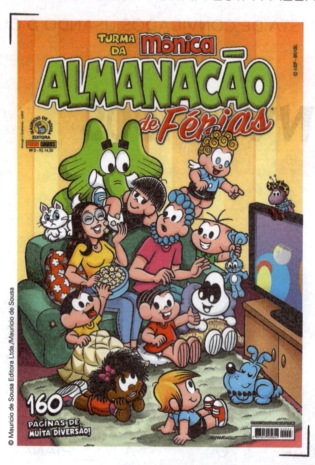

REVISTA ALMANACÃO DE FÉRIAS, TURMA DA MÔNICA, DE MAURICIO DE SOUSA. SÃO PAULO: PANINI COMICS, N. 3, JUN. 2019.

AGORA, OBSERVE AS LETRAS DESTACADAS NAS PALAVRAS ABAIXO.

QUANDO DUAS OU TRÊS VOGAIS APARECEM JUNTAS, ELAS FORMAM UM **ENCONTRO VOCÁLICO**.

LEIA OS QUADRINHOS E OBSERVE AS PALAVRAS SUBLINHADAS.

ALMANAQUE HISTORINHAS DE DUAS PÁGINAS, TURMA DA MÔNICA, DE MAURICIO DE SOUSA. SÃO PAULO: PANINI COMICS, N. 1, SET. 2007.

AS PALAVRAS SUBLINHADAS NOS BALÕES DE FALA SÃO FORMADAS SOMENTE POR VOGAIS.

ATIVIDADES

1 CONTORNE O ENCONTRO VOCÁLICO DO NOME DESTES ANIMAIS.

GAVIÃO DINOSSAURO BALEIA

LEÃO PEIXE COELHO

2 JUNTE AS VOGAIS E FORME PALAVRAS. ESCREVA COM LETRA CURSIVA.

E + U ⟶ _____   A + I ⟶ _____

O + I ⟶ _____   A + U ⟶ _____

• QUE PALAVRAS FORMADAS COMBINAM COM A CENA ABAIXO? ESCREVA-AS NOS BALÕES DE FALA.

_____, MEU NOME É MANUELA. GOSTO MUITO DE LER, E VOCÊ?

_____ TAMBÉM!

3 LEVE O MENINO ATÉ O ESCORREGADOR.

DICA: O CAMINHO CERTO É O QUE TEM SÓ PALAVRAS COM ENCONTRO VOCÁLICO.

- AGORA, COPIE AS PALAVRAS DO CAMINHO PELO QUAL O MENINO PASSOU E CONTORNE OS ENCONTROS VOCÁLICOS.

....

....

ORTOGRAFIA — PALAVRAS COM F E V

FOCA	VACA

1 LEIA ESTES DOIS TRAVA-LÍNGUAS.

F

FAUSTO FISGA O FLORETE
FISGA FLAUTA, FRUTAS, FLORES
FAZ DAS FITAS DA FOLIA
FESTA PARA SEUS AMORES

V

O VAMPIRO VALDOMIRO
VOA VIGOROSAMENTE
VAI DANÇAR LÁ NA VARSÓVIA
CRUZA O VALE VELOZMENTE
VALSA A NOITE INTEIRINHA
VIVE A VIDA AVIDAMENTE

ABC DO TRAVA-LÍNGUA, DE ROSINHA. SÃO PAULO: ED. DO BRASIL, 2012.

AS LETRAS **F** E **V** TÊM SONS PARECIDOS.

2 ESCREVA **F** OU **V** PARA COMPLETAR O NOME DOS ANIMAIS.

.... OCA   .... ORMIGA   .... AGA-LUME   PA .... ÃO

3 COMPLETE ESTA QUADRINHA COM NOMES DE PESSOAS.

COM **A** ESCREVO AMOR

COM **P** ESCREVO PAIXÃO

COM **F** ESCREVO ....

E COM **V** ESCREVO ....

4 TROQUE A LETRA DESTACADA E, DE ACORDO COM A FIGURA, FORME OUTRA PALAVRA.

| F | A | C | A |

| V | A | R | I | N | H | A |

- AGORA, ESCOLHA DUAS PALAVRAS DOS QUADROS ACIMA E ESCREVA UMA FRASE COM ELAS.

....

....

EXPLORANDO O TEMA...

INCLUSÃO

VOCÊ APRENDEU QUE HÁ MUITAS FORMAS DE LINGUAGEM PARA NOS COMUNICARMOS UNS COM OS OUTROS.

AS PESSOAS COM DEFICIÊNCIA AUDITIVA NO BRASIL UTILIZAM A LÍNGUA BRASILEIRA DE SINAIS (LIBRAS) PARA SE COMUNICAREM. ELA É UMA LÍNGUA, ASSIM COMO O PORTUGUÊS E O INGLÊS, E É BASEADA EM GESTOS E SINAIS.

O BRASILEIRO PAULO HENRIQUE RODRIGUES CRIOU O PRIMEIRO DESENHO ANIMADO EM LIBRAS, CHAMADO **MIN E AS MÃOZINHAS**.

LEIA O TRECHO DE UMA NOTÍCIA EM QUE ELE FALA POR QUE TEVE ESSA IDEIA:

[...] "A IDEIA SURGIU A PARTIR DE DIFICULDADES QUE TIVE PESSOALMENTE EM ME COMUNICAR COM SURDOS. EM UM CASAMENTO, NÃO CONSEGUI PEDIR SAL A UMA PESSOA SURDA [...] APRENDI MUITAS COISAS NA ESCOLA, MAS NÃO APRENDI LÍNGUA DE SINAIS. PENSO QUE A APRESENTAÇÃO A ESSE MUNDO DEVE ACONTECER DESDE CEDO".

[...]

BRASILEIRO DE SANTA CATARINA CRIA PRIMEIRA ANIMAÇÃO EM LIBRAS PARA CRIANÇAS SURDAS. **CRESCER ONLINE**, 28 SET. 2018. DISPONÍVEL EM: <https://revistacrescer.globo.com/curiosidades/noticia/2018/09/brasileiro-de-santa-catarina-cria-primeira-animacao-em-libras-para-criancas-surdas.html>. ACESSO EM: 14 AGO. 2019.

● CENA DO PRIMEIRO EPISÓDIO DO DESENHO ANIMADO **MIN E AS MÃOZINHAS**. 2018.

REFLETINDO SOBRE O TEMA

1 VOCÊ CONCORDA QUE TODOS DEVERIAM APRENDER LIBRAS DESDE CEDO, COMO DIZ O CRIADOR DO DESENHO ANIMADO? POR QUÊ?

2 CONVERSE COM OS COLEGAS SOBRE POR QUE É IMPORTANTE HAVER DESENHOS ANIMADOS E OUTRAS OBRAS EM LIBRAS. DEPOIS, REGISTRE SUAS CONCLUSÕES.

....

....

....

AMPLIANDO E MOBILIZANDO IDEIAS

3 ALÉM DE APRENDER LIBRAS, É IMPORTANTE CONHECER SÍMBOLOS QUE AJUDAM PESSOAS COM DEFICIÊNCIA AUDITIVA NO DIA A DIA. OBSERVE O SÍMBOLO AO LADO.

● SÍMBOLO INTERNACIONAL DE SURDEZ.

A) VOCÊ JÁ VIU ESSE SÍMBOLO EM ALGUM LUGAR?

B) VOCÊ SABE O QUE ESSE SÍMBOLO SIGNIFICA? EXPLIQUE.

4 CONVERSE COM SEUS FAMILIARES SOBRE A IMPORTÂNCIA DE SABERMOS LIBRAS PARA NOS COMUNICARMOS COM PESSOAS COM DEFICIÊNCIA AUDITIVA. MOSTRE A ELES COMO É O SÍMBOLO INTERNACIONAL DA SURDEZ E EXPLIQUE SEU SIGNIFICADO.

- NO DIA SEGUINTE, COMPARTILHE COM OS COLEGAS COMO FOI A CONVERSA.

PENSAR, REVISAR, REFORÇAR

1 EM CADA CARTELA, CONTORNE A FIGURA CUJO NOME INICIA COM UMA LETRA DIFERENTE DAS OUTRAS.

- AGORA, ESCREVA O NOME DAS FIGURAS ACIMA CONFORME O QUE SE PEDE.

    É DE COMER (COM A LETRA **B**): _____

    É DE COMER (COM A LETRA **P**): _____

    É ANIMAL (COM A LETRA **B**): _____

    É ANIMAL (COM A LETRA **P**): _____

    É BRINQUEDO (COM A LETRA **B**): _____

    É BRINQUEDO (COM A LETRA **P**): _____

    É PARTE DO CORPO (COM A LETRA **P**): _____

2 PINTE A FIGURA INTRUSA DE CADA QUADRO.

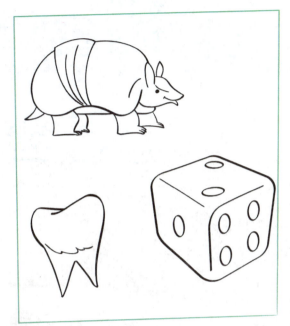

- AGORA, ESCREVA NO QUADRO ABAIXO O NOME DE CADA FIGURA QUE VOCÊ PINTOU.

INICIA COM D	INICIA COM T

UNIDADE 2

MUITOS NOMES

ENTRE NESTA RODA
- O QUE AS CRIANÇAS ESTÃO FAZENDO?
- VOCÊ JÁ PARTICIPOU DE ALGUMA BRINCADEIRA COMO ESTA?

NESTA UNIDADE VAMOS ESTUDAR...
- ENCONTRO CONSONANTAL
- SÍLABA
- NOME COMUM E NOME PRÓPRIO
- SINÔNIMO
- ANTÔNIMO
- LEITURA E ESCRITA DE PALAVRAS: **R** E **RR**; **L** E **R** EM FINAL DE SÍLABA; **H**; **S** INICIAL E **SS**; **Z**

6 ENCONTRO CONSONANTAL

LEIA ESTA HISTÓRIA.

ERA UMA VEZ A VACA VITÓRIA,
QUE PEGOU O METRÔ
E ACABOU A HISTÓRIA.

ERA UMA VEZ A VACA VITÓRIA, QUE CAIU NO BURACO E ACABOU A HISTÓRIA, DE NANI. SÃO PAULO: MELHORAMENTOS, 2012.

- COMPLETE A FRASE DE ACORDO COM O QUE VOCÊ LEU.

  A VACA VITÓRIA PEGOU O _____.

  NA PALAVRA ME**TR**Ô HÁ O ENCONTRO DAS CONSOANTES **T** E **R**.

QUANDO DUAS OU MAIS CONSOANTES APARECEM JUNTAS EM UMA PALAVRA, ELAS FORMAM UM **ENCONTRO CONSONANTAL**.

- ESCREVA SEU PRIMEIRO NOME NO ESPAÇO ABAIXO. ELE TEM ALGUM ENCONTRO CONSONANTAL? QUAL?

ATIVIDADES

1 CONTORNE OS ENCONTROS CONSONANTAIS NOS NOMES A SEGUIR.

NOMES DE PESSOAS	NOMES DE OBJETOS
ADRIANA	LIVRO
CRISTINA	GRADE
FLÁVIA	GRAVATA
BRUNO	
FREDERICO	GLOBO
GABRIELA	FLAUTA

2 COMPLETE CADA COLUNA COM AS CONSOANTES INDICADAS PARA FORMAR NOMES DE PESSOAS.

DR	CL	GL
AN_____É	_____AUDETE	_____ÓRIA
LEAN_____O	_____ÓVIS	_____ÁUCIA
AN_____ESSA	_____EIDE	DOU_____AS

3 DOS NOMES ABAIXO, CONTORNE OS QUE TÊM ENCONTROS CONSONANTAIS.

4 FORME O NOME DOS ANIMAIS COLOCANDO EM ORDEM CRESCENTE OS NÚMEROS CORRESPONDENTES ÀS LETRAS. DEPOIS, LEIA CADA PALAVRA EM VOZ ALTA.

A)

R	C	O	L	I	C	D	O	O
2	4	9	8	7	1	6	3	5

C)

B	Z	A	E	R
3	1	5	2	4

B)

A	O	B	L	T	R	O	B	E
9	2	1	6	8	3	5	4	7

D)

G	T	T	A	A	R	R	A	U
8	4	1	9	2	6	3	5	7

5 ESCREVA AS PALAVRAS COLOCANDO A LETRA **R** ENTRE A CONSOANTE E A VOGAL DESTACADAS, COMO NO EXEMPLO. DEPOIS, LEIA EM VOZ ALTA O PAR DE PALAVRAS.

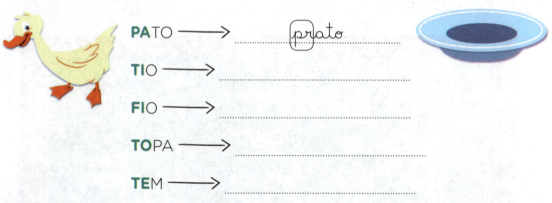

PATO ⟶ prato

TIO ⟶ ....

FIO ⟶ ....

TOPA ⟶ ....

TEM ⟶ ....

- AGORA, CONTORNE O ENCONTRO CONSONANTAL DAS NOVAS PALAVRAS.

6 ESCREVA CADA PALAVRA ACRESCENTANDO A LETRA **L** PARA FORMAR OUTRAS PALAVRAS.

PANO ⟶ plano

CARA ⟶ _____

FECHA ⟶ _____

FORA ⟶ _____

- CONTORNE O ENCONTRO CONSONANTAL DAS PALAVRAS NOVAS E, DEPOIS, LEIA EM VOZ ALTA CADA PAR DE PALAVRAS.

7 COMPLETE A CRUZADINHA COM PALAVRAS QUE TÊM ENCONTRO CONSONANTAL.

ORTOGRAFIA → R E RR

1 OBSERVE O TÍTULO DESTE LIVRO.

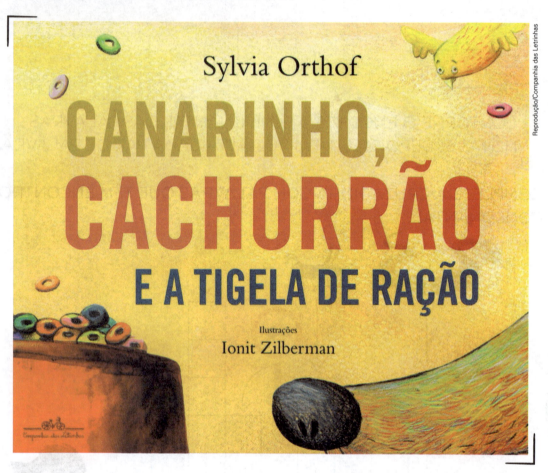

- AGORA, ESCREVA A PALAVRA DESSE TÍTULO QUE TENHA:

A) R INICIAL. ....

B) RR. ....

C) R ENTRE VOGAIS. ....

> NO INÍCIO DAS PALAVRAS, A LETRA **R** SEMPRE TEM SOM FORTE. PARA INDICAR O SOM FORTE NO MEIO DA PALAVRA USAMOS **RR**, E A LETRA **R** ENTRE VOGAIS SEMPRE TEM SOM FRACO.
>
> NENHUMA PALAVRA INICIA COM **RR**.

2 COMPLETE OS NOMES ABAIXO COM A LETRA **R** E LEIA-OS EM VOZ ALTA.

MA......IANA   ......ENATA   ......ICARDO

LAU......A   LAU......INDO   A......IANE

3 ALGUNS SOBRENOMES SÃO ESCRITOS COM **RR**. COMPLETE OS SOBRENOMES APRESENTADOS ABAIXO.

FE......AZ   FE......EIRA   SE......ADO

BA......ETO   CO......EIA   A......UDA

4 ACRESCENTE MAIS UM **R** E FORME NOVAS PALAVRAS. VEJA O EXEMPLO.

CORO ⟶ *corro*

VARA ⟶ ......

CARO ⟶ ......

MORO ⟶ ......

5 ESCREVA O NOME DAS FIGURAS PARA COMPLETAR AS FRASES.

A) O [relógio] DE RITA FICOU NO [carro].

O .... DE RITA FICOU NO ....

B) RENATA COMEU [macarrão] NO [jantar/restaurante].

RENATA COMEU .... NO ....

7 SÍLABA

DESCUBRA ESTA ADIVINHA:

O QUE É, O QUE É?

PULA NO AR, ESTOURA E VIRA DO AVESSO?

ADIVINHA POPULAR.

DESCOBRIU? VEJA COMO CIBELE RESPONDEU A ESSA ADIVINHA.

CIBELE RESPONDEU **PIPOCA** BATENDO PALMAS, PRONUNCIANDO ESSA PALAVRA EM TRÊS PARTES.

CADA PARTE DA PALAVRA PRONUNCIADA EM UMA MESMA EMISSÃO DE VOZ É CHAMADA DE **SÍLABA**.

| PI | PO | CA | → TRÊS SÍLABAS

ATIVIDADES

1 PINTE NO QUADRO AS SÍLABAS QUE FORMAM O NOME DOS ANIMAIS ABAIXO. USE UMA COR DIFERENTE PARA CADA ANIMAL.

QUADRO DE SÍLABAS					
	A	E	I	O	U
B	BA	BE	BI	BO	BU
C	CA	CE	CI	CO	CU
D	DA	DE	DI	DO	DU
F	FA	FE	FI	FO	FU
G	GA	GE	GI	GO	GU
H	HA	HE	HI	HO	HU
J	JA	JE	JI	JO	JU
L	LA	LE	LI	LO	LU
M	MA	ME	MI	MO	MU
N	NA	NE	NI	NO	NU
P	PA	PE	PI	PO	PU
R	RA	RE	RI	RO	RU
S	SA	SE	SI	SO	SU
T	TA	TE	TI	TO	TU
V	VA	VE	VI	VO	VU
X	XA	XE	XI	XO	XU
Z	ZA	ZE	ZI	ZO	ZU

2 CONSULTE O QUADRO DE SÍLABAS DA PÁGINA ANTERIOR E ESCREVA O NOME DO ANIMAL AO LADO.

_____

- PARA ESCREVER ESSA PALAVRA, VOCÊ USOU QUANTAS:

    A) LETRAS NO TOTAL? _____   **C)** CONSOANTES? _____

    B) VOGAIS? _____   **D)** SÍLABAS? _____

3 COMPLETE O QUADRO.

FIGURA				
PALAVRA	BORBOLETA	TELEFONE		GATO
SÍLABAS DA PALAVRA	BOR-BO-LE-TA			
NÚMERO DE SÍLABAS				

4 PINTE A FICHA DAS PALAVRAS QUE TÊM APENAS UMA SÍLABA.

MAR

PRAIA

ÁGUA

SOL

AREIA

HÁ PALAVRAS QUE TÊM APENAS UMA SÍLABA E, POR ISSO, A SÍLABA NÃO PODE SER SEPARADA.

5 AS CRIANÇAS ESTÃO BRINCANDO DE FORMAR PALAVRAS QUE COMECEM COM A ÚLTIMA SÍLABA DA PALAVRA FALADA PELO COLEGA.

A) ENTRE NA BRINCADEIRA! FORME UMA PALAVRA COM A ÚLTIMA SÍLABA DA PALAVRA QUE A TERCEIRA CRIANÇA FALOU.

B) ESCREVA UMA PALAVRA QUE COMECE COM A ÚLTIMA SÍLABA DE CADA PALAVRA ABAIXO.

| MA | CA | **CO** |

....

....

| A | BA | CA | **TE** |

....

....

| ME | NI | **NO** |

....

....

- AGORA, ESCREVA UMA PALAVRA QUE COMECE COM A ÚLTIMA SÍLABA DA PALAVRA QUE VOCÊ ESCREVEU. DEPOIS, SEPARE AS SÍLABAS.

ORTOGRAFIA — L E R EM FINAL DE SÍLABA

1 ACRESCENTE **L** OU **R** NO FINAL DAS PALAVRAS.

REGADO ....   PASTE ....   TAMBO ....   CARACO ....

SO ....   COLA ....   JORNA ....   POMA ....

2 QUEM ADIVINHA?

QUANDO É QUE CAÇA VIRA CALÇA?	E QUANDO É QUE COPO VIRA CORPO?
....	....
....	....

3 ACRESCENTE **L** ENTRE AS SÍLABAS E FORME NOVAS PALAVRAS.

POVO ⟶ ....   ATO ⟶ ....

TACO ⟶ ....   MODA ⟶ ....

4 ACRESCENTE **R** ENTRE AS SÍLABAS E FORME NOVAS PALAVRAS.

PENA ⟶ .... CATA ⟶ ....

COTA ⟶ .... BABA ⟶ ....

5 FORME PALAVRAS JUNTANDO AS SÍLABAS.

1	2	3	4	5	6	7
TEL	JOR	QUAR	HO	NAL	CAR	RE

A) 3 + 1 ⟶ ....

B) 2 + 5 ⟶ ....

C) 4 + 1 ⟶ ....

D) 6 + 7 + 1 ⟶ ....

6 SEPARE AS SÍLABAS DAS PALAVRAS ABAIXO.

A)

FORMIGA

B)

FUTEBOL

C)

CALÇA

D)

COLAR

67

NOME COMUM E NOME PRÓPRIO

- LEIA O POEMA COM OS COLEGAS.

SE ISADORA PASSA A NOITE

LÁ NA CASA DA AVÓ DELA,

DE MANHÃ, LOGO QUE ACORDA,

TOMA **MINGAU** COM **CANELA**.

E SE O HENRIQUE VEM CANTANDO:

"SEU NICOLAU QUER MINGAU",

JÁ SABE QUE VAI OUVIR:

"TRAZ LOGO A **COLHER DE PAU**".

[...]

DELÍCIAS E GOSTOSURAS, DE ANA MARIA MACHADO. SÃO PAULO: SALAMANDRA, 2005.

Ilustra Cartoon/Arquivo da editora

TODAS AS COISAS TÊM NOME, E AS PESSOAS TAMBÉM.

- CONTORNE NA CENA AS FIGURAS QUE CORRESPONDEM AOS NOMES DE COMIDA E DE OBJETO CITADOS NO POEMA.

MINGAU, **CANELA** E **COLHER DE PAU** SÃO **NOMES COMUNS**.

OS **NOMES COMUNS** INDICAM QUALQUER PESSOA, QUALQUER ALIMENTO, QUALQUER OBJETO, QUALQUER SER. POR ISSO SÃO ESCRITOS COM LETRA INICIAL **MINÚSCULA**.

- LEIA NOVAMENTE O POEMA E PINTE OS NOMES DE PESSOAS QUE APARECEM NELE.

OS NOMES **ISADORA**, **HENRIQUE** E **NICOLAU** QUE APARECEM NO POEMA DA PÁGINA ANTERIOR SÃO **NOMES PRÓPRIOS**.

> OS **NOMES PRÓPRIOS** INDICAM UMA PESSOA, UM LUGAR OU UM SER EM PARTICULAR.
>
> NOMES DE PESSOAS, DE LUGARES E DE FILMES SÃO **NOMES PRÓPRIOS**. POR ISSO INICIAM COM LETRA **MAIÚSCULA**.

VEJA OUTROS EXEMPLOS DE NOMES PRÓPRIOS.

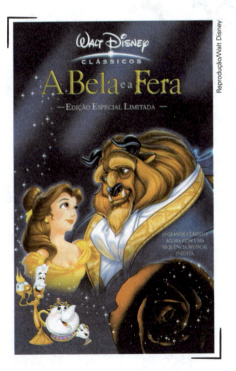

bandeira da Argentina

ATIVIDADES

1 COMPLETE OS ESPAÇOS COM O NOME COMUM CORRESPONDENTE A CADA ILUSTRAÇÃO.

....

2 ESCREVA A LETRA INICIAL DE CADA FIGURA E DESCUBRA OUTROS NOMES. DEPOIS, COPIE-OS.

A)

....

B)

....

C) FAÇA UM **X** NA OPÇÃO CORRETA. VOCÊ ESCREVEU OS NOMES COM LETRA:

☐ MINÚSCULA.   ☐ MAIÚSCULA.

D) COMPLETE A FRASE.

OS NOMES QUE VOCÊ DESCOBRIU SÃO ....
PORQUE INDICAM ANIMAIS DE MODO GERAL.

3 JUNTE AS SÍLABAS DESTACADAS EM CADA NOME DE FIGURA E DESCUBRA OUTROS NOMES COMUNS.

A)

BODE   MA**LA**

NOME DE UM BRINQUEDO: _____

B)

A**BA**CAXI   **A**BELHA   **CA**CHORRO   ALFINE**TE**

NOME DE UMA FRUTA: _____

C)

BICO   DOMI**NÓ**   **CU**BO   BO**LO**

NOME DE UM INSTRUMENTO QUE PERMITE ENXERGAR OBJETOS DE LONGE: _____

4 ESCREVA **NOMES COMUNS** QUE INDICAM:

A) UMA FRUTA. _____

B) UM OBJETO. _____

C) UM ANIMAL. _____

5 LEIA O TEXTO.

INVENTEI, NO MEU QUINTAL,
UM ZOOLÓGICO GENIAL:
O GATO DE NOME ESPIRRO,
O CÃO CHAMADO DUCÃO,
A TARTARUGA DE NOME LENTIDÃO
E O PÔNEI CHAMADO GALOPÃO.

OS AUTORES.

- ESCREVA O **NOME PRÓPRIO** DE CADA ANIMAL, DE ACORDO COM O TEXTO.

_____ _____ _____ _____

6 ESCREVA UMA FRASE USANDO:

- O SEU NOME.

_____

- O NOME DE UM COLEGA.

_____

- O NOME DO PROFESSOR.

_____

A) AGORA, CONTORNE NAS FRASES OS NOMES PRÓPRIOS QUE VOCÊ ESCREVEU.

B) OS NOMES QUE VOCÊ CONTORNOU COMEÇAM COM LETRA:

☐ MINÚSCULA.   ☐ MAIÚSCULA.

7 OBSERVE A CENA E INVENTE UM NOME PRÓPRIO PARA CADA FIGURA.

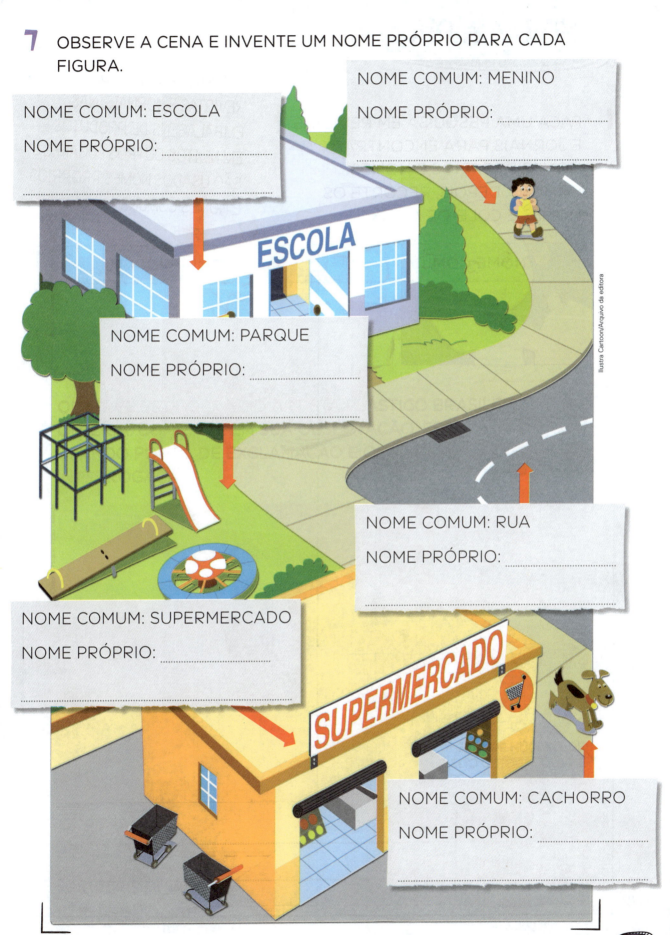

NOME COMUM: ESCOLA
NOME PRÓPRIO: _____

NOME COMUM: MENINO
NOME PRÓPRIO: _____

NOME COMUM: PARQUE
NOME PRÓPRIO: _____

NOME COMUM: RUA
NOME PRÓPRIO: _____

NOME COMUM: SUPERMERCADO
NOME PRÓPRIO: _____

NOME COMUM: CACHORRO
NOME PRÓPRIO: _____

NO DIA A DIA

1 FAÇA UMA PESQUISA EM REVISTAS E JORNAIS PARA ENCONTRAR NOMES PRÓPRIOS E NOMES COMUNS. DEPOIS, RECORTE OS NOMES E COLE-OS ABAIXO.

NAS PROPAGANDAS DE REVISTAS E JORNAIS, NAS EMBALAGENS DE PRODUTOS E EM MUITOS OUTROS LUGARES SÃO USADOS NOMES PRÓPRIOS E NOMES COMUNS.

NOME COMUM	NOME PRÓPRIO

2 UTILIZE NOMES PRÓPRIOS E NOMES COMUNS PARA COMPLETAR A FRASE DA EMBALAGEM DESTA BONECA.

BONECA _____

VEM COM 3 ACESSÓRIOS!

★ UMA _____ PARA BRINCAR

★ O GATO _____

★ UM _____ PARA PASSEAR

ORTOGRAFIA — A LETRA H

1 LEIA ESTA TIRINHA.

GARFIELD E SEUS AMIGOS, DE JIM DAVIS. RIO DE JANEIRO: EDIOURO, 2015.

A) LEIA EM VOZ ALTA AS PALAVRAS DESTACADAS NA TIRINHA.

B) NOTE QUE ESSAS PALAVRAS COMEÇAM COM **H** E A LETRA QUE VEM EM SEGUIDA É UMA VOGAL.

HÁ   HOJE

A LETRA **H** NO INÍCIO DE PALAVRAS NÃO TEM SOM; PORTANTO, NESSES CASOS, A PRONÚNCIA É DA VOGAL QUE VEM DEPOIS DELA.

C) COM UM COLEGA, PENSE EM OUTRA PALAVRA QUE INICIE COM **H** E ESCREVA-A ABAIXO.

2 LEIA AS PALAVRAS EM VOZ ALTA. DEPOIS, ESCREVA A LETRA **H** PARA COMPLETÁ-LAS E LEIA AS PALAVRAS NOVAMENTE.

LEMBRE-SE DE QUE NOMES DE PESSOAS COMEÇAM COM LETRA MAIÚSCULA.

............orário ....ino ....orta ....ilda

............orrível ....elena ....ugo ....ábito

............igiênico ....erança ....umanidade ....ortaliça

- COPIE NO CADERNO AS PALAVRAS QUE VOCÊ FORMOU ACIMA.

3 CONTORNE NO DIAGRAMA DEZ PALAVRAS INICIADAS COM **H**.

W	H	A	B	I	T	A	N	T	E	A
H	A	M	B	Ú	R	G	U	E	R	B
U	H	E	R	Ó	I	N	O	H	J	I
M	H	I	G	I	E	N	E	P	A	L
O	L	D	H	I	S	T	Ó	R	I	A
R	E	H	O	N	E	S	T	O	H	G
H	E	R	D	E	I	R	O	N	U	F
O	N	A	M	H	U	M	A	N	O	U
H	O	R	I	Z	O	N	T	A	L	L

- AGORA, ESCREVA AS PALAVRAS QUE VOCÊ ENCONTROU QUE COMECEM COM:

HA ⟶ ....

HE ⟶ ....

HI ⟶ ....

HO ⟶ ....

HU ⟶ ....

9 SINÔNIMO

OBSERVE A CENA ABAIXO.

COMO SERÁ QUE ESSAS CRIANÇAS ESTÃO SE SENTINDO?

BRUNA FICA MUITO **CONTENTE** QUANDO BRINCA COM O GATO DE SEU AVÔ.

MATEUS TAMBÉM FICA MUITO **ALEGRE** QUANDO BRINCA COM O CACHORRO DELE.

CONTENTE É **SINÔNIMO** DE ALEGRE.

SINÔNIMOS SÃO PALAVRAS QUE TÊM SENTIDOS BEM PARECIDOS.

ATIVIDADES

1 PINTE AS FIGURAS IGUAIS DA MESMA COR E FORME PARES DE SINÔNIMOS. VEJA O EXEMPLO.

- ALEGRE (triângulo)
- FOFO (quadrado)
- VELHO (círculo)
- BONITA (losango)
- MACIO (quadrado)
- ANTIGO (círculo)
- LINDA (losango)
- CONTENTE (triângulo)

- AGORA, ESCREVA OS PARES DE SINÔNIMOS QUE VOCÊ FORMOU.

△ ⟶ ALEGRE – CONTENTE

▢ ⟶ ....

◯ ⟶ ....

◇ ⟶ ....

2 REESCREVA AS FRASES COMPLETANDO COM O NOME DAS FIGURAS E SUBSTITUINDO A PALAVRA DESTACADA POR UM SINÔNIMO. ESCOLHA UMA DAS PALAVRAS DO QUADRO.

A) QUE _____ **ENGRAÇADO**!

GORDO ALTO DIVERTIDO

B) COMO ESSE _____ É **TRANQUILO**!

MANSO BONITO FEIO

3 ENCONTRE NO DIAGRAMA OS SINÔNIMOS PARA AS PALAVRAS ABAIXO. DEPOIS, ESCREVA ESSES SINÔNIMOS AO LADO DAS PALAVRAS CORRESPONDENTES.

L	M	E	N	I	N	O	N	T	N
E	A	M	B	T	R	G	P	R	H
N	H	I	W	P	E	N	R	T	E
T	M	U	I	T	O	N	E	E	R
O	W	D	H	S	S	T	R	S	P
R	Q	M	A	L	U	C	O	E	S
P	W	F	E	L	I	Z	D	Q	N
P	E	R	F	U	M	A	D	A	X

GAROTO ....

BASTANTE ....

VAGAROSO ....

DOIDO ....

CHEIROSA ....

CONTENTE ....

4 REESCREVA A FRASE EMPREGANDO UM SINÔNIMO PARA A PALAVRA DESTACADA.

A) LAURA É UMA **GAROTA** MEIGA.

....

B) ESTE COELHO ANDA MUITO **RÁPIDO**!

....

....

5 LEIA.

> **ABECEDÁRIO** – O MESMO QUE **ALFABETO**.
> **COLÉGIO** – O MESMO QUE **ESCOLA**.
> **CORRETO** – O MESMO QUE **CERTO**.

- AGORA, TROQUE AS PALAVRAS DESTACADAS POR OUTRAS DE SENTIDO SEMELHANTE PARA COMPLETAR AS FRASES.

A) O **ABECEDÁRIO** É O CONJUNTO DAS LETRAS DE UMA LÍNGUA.

O _____ É O CONJUNTO DAS LETRAS DE UMA LÍNGUA.

B) VOU PARA O **COLÉGIO** DE ÔNIBUS.

VOU PARA A _____ DE ÔNIBUS.

C) TODOS OS EXERCÍCIOS ESTAVAM **CORRETOS**.

TODOS OS EXERCÍCIOS ESTAVAM _____.

6 COMPLETE AS FRASES COM O SINÔNIMO DA PALAVRA DESTACADA. ESCOLHA UMA DAS PALAVRAS ENTRE PARÊNTESES.

A) JÁ **ACABOU** A LIÇÃO? (TERMINOU/CONSEGUIU)

JÁ _____ A LIÇÃO?

B) SUAS UNHAS ESTÃO **LONGAS**. (QUEBRADAS/COMPRIDAS)

SUAS UNHAS ESTÃO _____.

C) MINHA CASA FICA **DISTANTE** DA ESCOLA. (LONGE/EMBAIXO)

MINHA CASA FICA _____ DA ESCOLA.

ORTOGRAFIA — S INICIAL E SS

1 LEIA O NOME DESTES ANIMAIS.

SAPO PÁSSARO

- AGORA, ESCREVA ESSES NOMES DE ACORDO COM O QUE SE PEDE.

  A) NO COMEÇO DE PALAVRA USAMOS **S**: ....

  B) ENTRE VOGAIS, USAMOS **SS**: ....

2 PINTE AS PARTES DA FIGURA QUE TÊM PONTOS E DESCUBRA OS OBJETOS ESCONDIDOS.

A) QUAIS OBJETOS VOCÊ DESCOBRIU?

B) AGORA, ESCREVA NA COLUNA ADEQUADA O NOME DOS OBJETOS QUE VOCÊ DESCOBRIU.

NOMES DE OBJETOS COM S INICIAL	NOMES DE OBJETOS COM SS

3 COPIE O NOME DAS FIGURAS ABAIXO E SEPARE AS SÍLABAS.

NA DIVISÃO DE SÍLABAS, AS LETRAS **SS** FICAM SEPARADAS.
PARA SEPARAR AS SÍLABAS DA PALAVRA **DEPRESSA**, POR EXEMPLO, FAZEMOS ASSIM: DE-PRES-SA.

PÁSSARO

GIRASSOL

PÊSSEGO

TRAVESSEIRO

10 ANTÔNIMO

VOCÊ ACHA POSSÍVEL A VIDA SEM ÁGUA?

LEIA O TEXTO A SEGUIR COM OS COLEGAS PARA DESCOBRIR.

ELEMENTO ÁGUA

ÁGUA MOLHADA, QUENTE OU GELADA, SEM ELA, A VIDA SERIA NADA!

ECOPOESIAS DOS GNOMOS... E OUTROS SERES ELEMENTAIS!: PARA AS CRIANÇAS DO MUNDO, DE PAULO ROBERTO FERRARI. PORTO ALEGRE: FÁBRICA DE LEITURA, 2008.

O CONTRÁRIO DE **QUENTE** É **GELADA**.

AS PALAVRAS QUE TÊM SENTIDO CONTRÁRIO RECEBEM O NOME DE **ANTÔNIMOS**.

ATIVIDADES

1 VEJA NO TÍTULO DO LIVRO AO LADO QUE HÁ DUAS PALAVRAS DE SENTIDO CONTRÁRIO. ESCREVA ESSAS PALAVRAS NOS ESPAÇOS CORRESPONDENTES.

....

2 ACOMPANHE A LEITURA DE UMA PARTE DESTA HISTÓRIA.

SOU GRANDE OU SOU PEQUENINA?
AINDA NÃO SEI DIZER.
PASSO OS DIAS INTEIROS
PROCURANDO ENTENDER.
— QUERO BRINCAR NA RUA!
— NÃO DEIXO — DIZ O PAPAI.
— VOCÊ É PEQUENININHA,
SOZINHA AINDA NÃO SAI.
— MEU IRMÃO CHUPA CHUPETA,
EU TAMBÉM QUERO CHUPAR.
MAMÃE DIZ:
— MENINA GRANDE
NÃO FAZ ISSO. VÁ BRINCAR!
[...]

GRANDE OU PEQUENA?, DE BEATRIZ MEIRELLES. SÃO PAULO: SCIPIONE, 2008.

- NA PERGUNTA QUE A MENINA FAZ, HÁ PALAVRAS COM SENTIDO OPOSTO. CONTORNE-AS.

3 SUBSTITUA A PALAVRA DESTACADA POR OUTRA DE SENTIDO CONTRÁRIO. DEPOIS, REPRESENTE-A COM UM DESENHO. VEJA O EXEMPLO.

A) OLHOS **FECHADOS**   OLHOS *abertos*

B) CACHORRO **MAGRO**   CACHORRO ....

C) ROUPA **LIMPA**   ROUPA ....

D) PRÉDIO **BAIXO**   PRÉDIO ....

4 DESTAQUE AS FICHAS DO **JOGO DO MICO**, DO **CADERNO DE JOGOS**, E DIVIRTA-SE COM OS COLEGAS FORMANDO PARES DE ANTÔNIMOS.

5 OBSERVE AS FIGURAS E COMPLETE AS FRASES COM PALAVRAS OU EXPRESSÕES ANTÔNIMAS.

A) ALINE E DIOGO SÃO IRMÃOS.

ELA É .... E

ELE É ....

B) O BOLO ESTÁ

.... DA MESA.

O GATO ESTÁ DORMINDO

.... DA MESA.

6 COMPLETE A CRUZADINHA COM OS ANTÔNIMOS DAS PALAVRAS DO QUADRO.

1. DURO
2. ALEGRE
3. CHEIO
4. CALMO
5. MOLHADO
6. ERRADO

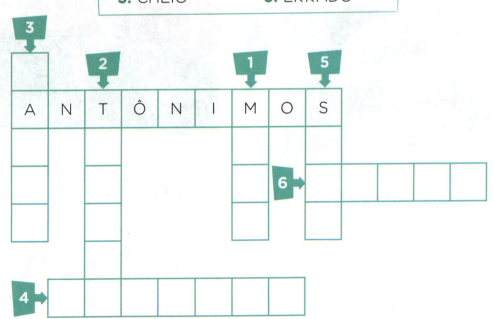

ORTOGRAFIA — A LETRA Z

1 OBSERVE OS TÍTULOS DESTES LIVROS.

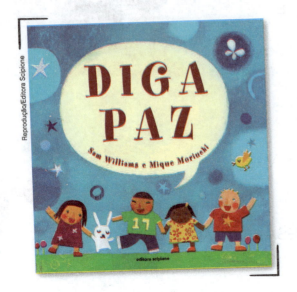

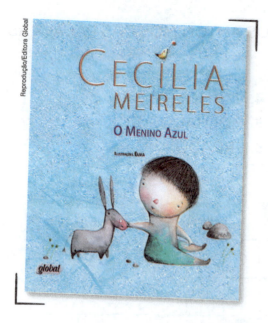

- AGORA, COMPARE AS PALAVRAS DO QUADRO E COMPLETE A FRASE.

> PAZ   NARIZ   AZUL   ZERO

TODAS AS PALAVRAS TÊM A LETRA _____.

2 ESCREVA O NOME DE CADA FIGURA. **DICA**: TODOS OS NOMES TÊM A LETRA **Z**.

....

3 QUAL DAS PALAVRAS ABAIXO NÃO PERTENCE AO GRUPO? CONTORNE-A.

DOZE   BATIZADO   DEZOITO   TREZE

4 LEIA A PLACA E CONTORNE AS PALAVRAS TERMINADAS EM **Z**.

A) SEPARE AS SÍLABAS DAS PALAVRAS QUE VOCÊ CONTORNOU.

....

B) QUANTAS SÍLABAS TEM CADA PALAVRA?

....

5 JUNTE AS SÍLABAS DA MESMA COR E ESCREVA O NOME DAS FIGURAS.

CHA	XA	A	A	DREZ
FA	TRIZ	CUS	VES	CAR
CUZ	TAZ	TRUZ	RIZ	

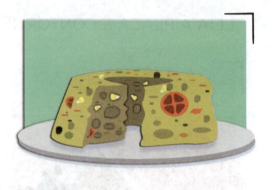

6 AS PALAVRAS NO DICIONÁRIO ESTÃO ORGANIZADAS EM ORDEM ALFABÉTICA.

- QUAL É A ÚLTIMA LETRA DO ALFABETO?

....

7 LEIA ESTAS PALAVRAS DA ÚLTIMA PÁGINA DE UM DICIONÁRIO E SUAS DEFINIÇÕES.

ZEBRA É UM ANIMAL PARECIDO COM O CAVALO, MAS COM LISTAS PRETAS E BRANCAS NO CORPO INTEIRO: SERÁ QUE A ZEBRA E O CAVALO SÃO PRIMOS? [A GENTE SEPARA AS SÍLABAS DESTA PALAVRA ASSIM: ZE-BRA.]

ZERO É UM NÚMERO DIFERENTE DOS OUTROS: É IGUAL A NADA. ZERO TAMBÉM É UM ALGARISMO (0) QUE A GENTE USA PARA ESCREVER NÚMEROS COMO DEZ (10), VINTE (20), E OUTROS. [A GENTE SEPARA AS SÍLABAS DESTA PALAVRA ASSIM: ZE-RO.]

ZÍPER É UMA TIRA DE PANO COM PEÇAS DE METAL COM QUE A GENTE ABRE E FECHA UMA CALÇA, UMA BOLSA E OUTRAS COISAS: MAMÃE TROCOU O ZÍPER DO MEU PALETÓ. [A GENTE SEPARA AS SÍLABAS DESTA PALAVRA ASSIM: ZÍ-PER.]

ZOOLÓGICO É O MESMO QUE JARDIM ZOOLÓGICO: UM LUGAR, NA CIDADE, EM QUE HÁ MUITOS BICHOS PARA A GENTE VER: MARIA ADORA IR AO ZOOLÓGICO PARA VER A GIRAFA E O HIPOPÓTAMO. [A GENTE SEPARA AS SÍLABAS DESTA PALAVRA ASSIM: ZO-O-LÓ-GI-CO.]

O AURÉLIO COM A TURMA DA MÔNICA: O MUNDO DAS PALAVRAS EM CORES, DE MARINA BAIRD FERREIRA E MARGARIDA DOS ANJOS. CURITIBA: POSITIVO, 2014.

- AGORA, ESCREVA O NOME DAS SEGUINTES ILUSTRAÇÕES, DE ACORDO COM O TEXTO.

PENSAR, REVISAR, REFORÇAR

1 ESCREVA O NOME DAS FIGURAS NA COLUNA CORRETA.

R INICIAL	RR

2 ENCONTRE DEZ PALAVRAS NO DIAGRAMA E CONTORNE-AS.

```
C J A B U T I C A B A R
M A C A R R O N A D A W
L M E L A N C I A Y R O
X D O M A N D I O C A S
O U T H L A R A N J A R
G W A L F A C E S R S E
A R R O Z F G D P E R A
L J G N O Z T R M E L F
```

- AGORA, ESCREVA NA COLUNA CORRETA AS PALAVRAS QUE VOCÊ ENCONTROU, SEPARANDO AS SÍLABAS.

1 SÍLABA	2 SÍLABAS

3 SÍLABAS	4 SÍLABAS	5 SÍLABAS

LEMBRE-SE DE QUE AS PALAVRAS QUE TÊM SÓ UMA SÍLABA NÃO PODEM SER SEPARADAS.

3 TENTE DESCOBRIR O NOME DAS TRÊS MENINAS ABAIXO. **DICA**: O NOME COMUM DAS TRÊS FLORES AO LADO CORRESPONDE AO NOME PRÓPRIO DAS MENINAS.

NOME COMUM	NOME PRÓPRIO

UNIDADE 3

LER, OUVIR E ESCREVER PALAVRAS

ENTRE NESTA RODA

- O QUE AS PESSOAS DA CENA ESTÃO FAZENDO? VOCÊ SABE ONDE ELAS ESTÃO?
- O QUE VOCÊ OBSERVA NA PLACA DA ENTRADA DO SÍTIO?
- VOCÊ CONHECE ALGUM LUGAR COMO ESSE? SE SIM, COMPARTILHE SUA EXPERIÊNCIA COM OS COLEGAS.

NESTA UNIDADE VAMOS ESTUDAR...

- SINAIS GRÁFICOS: ACENTOS
- SINAIS DE PONTUAÇÃO
- SOM NASAL: TIL
- PONTO FINAL E VÍRGULA
- MASCULINO E FEMININO
- LEITURA E ESCRITA DE PALAVRAS COM: **S** ENTRE VOGAIS E **S** EM FINAL DE SÍLABA; **M** ANTES DE **P** E **B**; **CE**, **CI**, **Ç**; **QU**; **LH**

11 SINAIS GRÁFICOS: ACENTOS

VOCÊ SABE QUAIS SÃO AS CORES PRIMÁRIAS? LEIA ESTE TEXTO E DESCUBRA.

VERMELHO, AZUL E AMARELO

SÃO AS **TRÊS** CORES **PRIMÁRIAS**.

E, SE A GENTE MISTURAR,

TEM AS CORES SECUNDÁRIAS.

NO ROXO, AZUL E VERMELHO.

NO VERDE, AZUL E AMARELO.

NO LARANJA, O VERMELHO

E O AMARELO SEMPRE BELO.

TURMA DA MÔNICA E AS CORES, DE MAURICIO DE SOUSA. SÃO PAULO: MELHORAMENTOS, 2008.

PARA ESCREVER, ALÉM DAS 26 LETRAS DO ALFABETO, USAMOS OUTROS SINAIS, COMO OS ACENTOS COLOCADOS NAS VOGAIS DAS PALAVRAS DESTACADAS NO TEXTO ACIMA. LEIA-AS EM VOZ ALTA:

- LOCALIZE NO TEXTO OUTRA PALAVRA ESCRITA COM ACENTO AGUDO E CONTORNE-A.
- SEGUNDO O TEXTO, QUE COR DÁ A MISTURA DE VERMELHO E AMARELO?

....

- E A MISTURA DE AZUL E VERMELHO?

....

1 ESCREVA O NOME DAS FIGURAS, SEPARANDO SUAS SÍLABAS.
DICA: TODAS AS PALAVRAS TÊM ACENTO AGUDO.

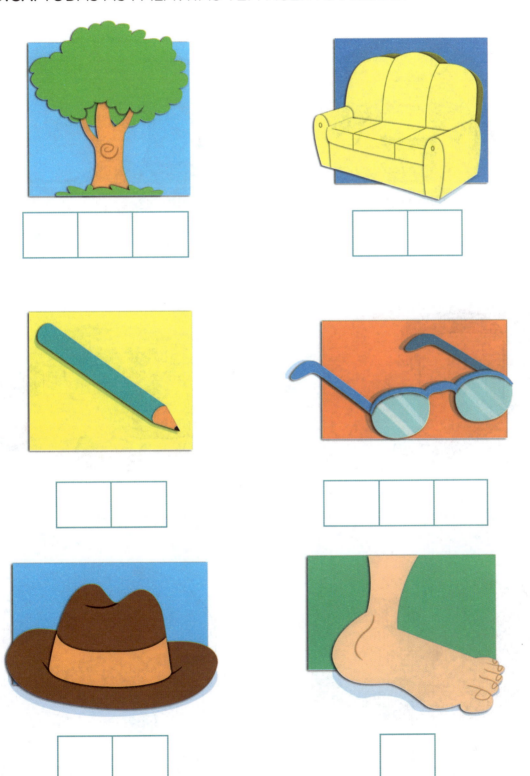

2 ESCREVA O NOME DAS FIGURAS. **DICA**: TODAS AS PALAVRAS TÊM ACENTO CIRCUNFLEXO.

> O ACENTO CIRCUNFLEXO É COLOCADO SOBRE AS VOGAIS **A**, **E**, **O**.

....

....

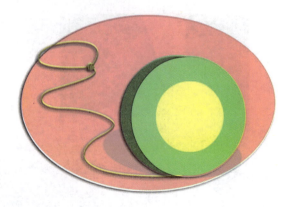 

....

3 COLOQUE O ACENTO AGUDO OU O ACENTO CIRCUNFLEXO NOS NOMES DA LISTA ABAIXO.

ÂNGELA	ANDRÉ	PATRÍCIA
FABRÍCIO	SÔNIA	ZÉLIA
MÔNICA	CECÍLIA	ÊNIO
FLÁVIO	DÊNIS	MÁRCIA

4 OBSERVE A FIGURA E COMPLETE A FRASE COM AS PALAVRAS ABAIXO.

VOVÓ   VOVÔ

ENQUANTO A .... LÊ JORNAL, O .... LÊ REVISTA.

5 CONTORNE A PALAVRA CORRESPONDENTE A CADA FIGURA.

VOVÔ   COCÔ   BABÁ
VOVÓ   COCO   BABA

6 PESQUISE PALAVRAS COM ACENTO AGUDO E PALAVRAS COM ACENTO CIRCUNFLEXO. RECORTE-AS E COLE-AS EM UMA FOLHA À PARTE.

NO DIA A DIA

1 VOCÊ CONHECE A BANDEIRA DE ALGUM PAÍS?

VEJA ABAIXO ALGUMAS BANDEIRAS E COMPLETE O NOME DOS PAÍSES COM ACENTO AGUDO OU COM ACENTO CIRCUNFLEXO.

> NOMES DE LUGARES TAMBÉM PODEM TER ACENTO AGUDO OU CIRCUNFLEXO E COMEÇAM COM LETRA MAIÚSCULA.

_____ FRICA DO SUL

POL _____ NIA

NOVA ZEL _____ NDIA

QU _____ NIA

IT _____ LIA

COL _____ MBIA

2 COM OS COLEGAS, LEIA NO MAPA ABAIXO O NOME DOS 26 ESTADOS DO BRASIL. NOTE QUE FALTOU O ACENTO NO NOME DE ALGUNS DELES.

A) ESCREVA O NOME DE OITO ESTADOS QUE TÊM ACENTO AGUDO E COLOQUE O ACENTO.

....

....

B) ESCREVA O NOME DO ESTADO QUE TEM ACENTO CIRCUNFLEXO E COLOQUE O ACENTO.

....

IBGE. **ATLAS GEOGRÁFICO ESCOLAR**. 8. ED. RIO DE JANEIRO, 2018. P. 90.

ORTOGRAFIA

**S ENTRE VOGAIS E
S EM FINAL DE SÍLABA**

1 LEIA O NOME DAS FIGURAS.

ANIMAIS	ALIMENTOS
BESOURO	BISCOITOS
RAPOSA	CASTANHAS

A) AGORA, ESCREVA AS PALAVRAS DE ACORDO COM O QUE SE PEDE.

- LETRA **S** ENTRE VOGAIS, COM SOM DE **Z**.

....

....

- LETRA **S** NO FINAL DA SÍLABA.

....

....

B) COM UM COLEGA, PESQUISE DUAS PALAVRAS QUE TÊM **S** ENTRE VOGAIS, COM SOM DE **Z**.

....

2 CANTE ESTA CANTIGA DE RODA COM OS COLEGAS.

O CRAVO BRIGOU COM A ROSA
DEBAIXO DE UMA SACADA,
O CRAVO SAIU FERIDO
E A ROSA DESPEDAÇADA.
O CRAVO FICOU DOENTE,
A ROSA FOI VISITAR
O CRAVO TEVE UM DESMAIO
E A ROSA PÔS-SE A CHORAR.

CANTIGA POPULAR.

- CONTORNE NO TEXTO A PALAVRA **ROSA** E OBSERVE O SOM DO **S**.

A LETRA **S** TEM SOM DE **Z** QUANDO APARECE ENTRE VOGAIS.

3 ESCREVA A LETRA **S** ENTRE AS VOGAIS DESTACADAS E LEIA AS PALAVRAS FORMADAS.

PARAF**U**____**O**

VA____**O**

BL**U**____**A**

RAP**O**____**A**

4 OBSERVE AS FIGURAS E ENCONTRE O NOME DELAS NO DIAGRAMA.

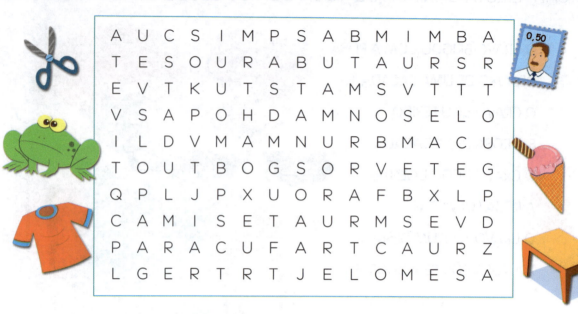

- AGORA, ESCREVA OS NOMES QUE VOCÊ ENCONTROU CONFORME O SOM DA LETRA **S** NA PALAVRA DE CADA COLUNA.

CASA	SAPATO

5 O QUE É, O QUE É? LEIA AS PALAVRAS DO QUADRO E DESCUBRA.

BESOURO   CASA   ASAS   VISITA

A) LUGAR QUE SERVE PARA MORAR: ....

B) NOME DE UM INSETO: ....

C) PESSOA QUE VAI À CASA DE OUTRA: ....

D) A MAIORIA DAS AVES E DOS INSETOS USA PARA VOAR:

....

104

6 LEIA O TEXTO E OBSERVE A PALAVRA DESTACADA.

O NOVELO DE LÃ

O GATINHO BRINCA COM UM NOVELO DE LÃ:

ENROLA, DESENROLA, **ENROSCA**, DESENROSCA...

COM O NOVELO O GATINHO FAZ UM CAMINHO

QUE VAI DAR... EM NENHUM LUGAR!

NO MUNDO DA LUA, DE ROSEANA MURRAY. BELO HORIZONTE: MIGUILIM, 2000.

A) ESCREVA A PALAVRA DESTACADA NO TEXTO, SEPARANDO-A EM SÍLABAS.

B) NA PALAVRA **ENROSCA**:

☐ A LETRA **S** ESTÁ NO INÍCIO DA SÍLABA.

☐ A LETRA **S** ESTÁ NO MEIO DA SÍLABA.

☐ A LETRA **S** ESTÁ NO FIM DA SÍLABA.

7 FORME NOVAS PALAVRAS ACRESCENTANDO A LETRA **S** NO QUADRINHO. DEPOIS, ESCREVA ESSAS PALAVRAS AO LADO.

A) GATO ⟶ | GA | | TO |

B) GOTA ⟶ | GO | | TA |

C) RETO ⟶ | RE | | TO |

12 SINAIS DE PONTUAÇÃO

BRINQUE COM OS COLEGAS LENDO A PARLENDA A SEGUIR.

CADÊ O TOUCINHO QUE ESTAVA AQUI?

— CADÊ O TOUCINHO QUE ESTAVA AQUI?
— GATO COMEU!
— CADÊ O GATO?
— FOI PRO MATO.
— CADÊ O MATO?
— O FOGO QUEIMOU.
— CADÊ O FOGO?
— ÁGUA APAGOU.
— CADÊ A ÁGUA?
— O BOI BEBEU.
— CADÊ O BOI?
— FOI CARREGAR TRIGO.

PARLENDA POPULAR.

OBSERVE QUE, ALÉM DAS LETRAS, O TEXTO APRESENTA ALGUNS SINAIS DE PONTUAÇÃO. ESSES SINAIS SÃO USADOS PARA SEPARAR TRECHOS DE UM TEXTO, PARA INDICAR UMA PERGUNTA, PARA INDICAR A FALA DE UM PERSONAGEM, ENTRE OUTRAS FUNÇÕES.

PARA EXPRESSAR NOSSO PENSAMENTO NA ESCRITA, USAMOS LETRAS E **SINAIS DE PONTUAÇÃO**. PARA PERGUNTAR, USAMOS O **PONTO DE INTERROGAÇÃO** ?.

PARA INDICAR ALEGRIA, ESPANTO OU SURPRESA, USAMOS O **PONTO DE EXCLAMAÇÃO** !.

ATIVIDADES

1 ASSINALE A FRASE QUE É UMA PERGUNTA NA PARLENDA.

☐ "— GATO COMEU!"

☐ "— CADÊ O TOUCINHO QUE ESTAVA AQUI?"

☐ "— FOI PRO MATO."

> EM DIÁLOGOS, O TRAVESSÃO — É USADO PARA INDICAR A FALA DOS PERSONAGENS.

2 COPIE DA PARLENDA AS OUTRAS PERGUNTAS QUE SÃO FEITAS.

....

....

....

....

....

....

3 ASSINALE A FRASE EM QUE O SINAL DE PONTUAÇÃO INDICA ESPANTO, SURPRESA.

☐ "— GATO COMEU!"

☐ "— CADÊ O GATO?"

☐ "— FOI PRO MATO."

4 USE O TRAVESSÃO NA ANEDOTA ABAIXO, QUANDO FOR NECESSÁRIO.

☐ O MENINO MALUQUINHO RESOLVEU APRENDER A TOCAR BATERIA.

☐ UM DIA, A MÃE DELE ENTROU NO QUARTO E DISSE:

☐ PARA, MALUQUINHO! SE VOCÊ CONTINUAR A TOCAR ESSA BATERIA, EU VOU FICAR LOUCA.

☐ E O MALUQUINHO:

☐ SINTO MUITO, MÃE, MAS EU JÁ PAREI DE TOCAR FAZ UM TEMPÃO...

O LIVRO DO RISO DO MENINO MALUQUINHO: TODAS AS PIADAS QUE AS CRIANÇAS OUVIRAM OU CONTARAM NO ÚLTIMO SÉCULO, DE ZIRALDO. SÃO PAULO: MELHORAMENTOS, 2013.

5 COMPLETE O TEXTO ABAIXO COM OS SINAIS DE PONTUAÇÃO QUE ESTÃO FALTANDO (TRAVESSÃO E PONTO DE INTERROGAÇÃO).

☐ CADÊ O TRIGO ☐

☐ GALINHA ESPALHOU.

☐ CADÊ A GALINHA ☐

☐ FOI BOTAR OVO.

☐ CADÊ O OVO ☐

☐ O FRADE BEBEU.

PARLENDA POPULAR.

6 LEIA AS FRASES DO QUADRO. DEPOIS, ESCREVA-AS NOS BALÕES DOS PERSONAGENS CORRESPONDENTES.

> EXISTE ALGUÉM MAIS BONITA DO QUE EU?
> QUE LINDA MOÇA! QUEM SERÁ ELA?
> ABRA A PORTA!
> PARA QUE UMA BOCA TÃO GRANDE?

NO DIA A DIA

1 VOCÊ JÁ VISITOU ALGUMA EXPOSIÇÃO DE ARTE? VEJA A TELA REPRODUZIDA A SEGUIR. ELA FOI PINTADA POR UM IMPORTANTE ARTISTA BRASILEIRO: CANDIDO PORTINARI.

DEPOIS, ESCREVA NO BALÃO DE FALA DE CADA CRIANÇA OS SINAIS DE PONTUAÇÃO QUE ACHAR ADEQUADOS.

● **MENINOS SOLTANDO PIPAS**, DE CANDIDO PORTINARI. ÓLEO SOBRE TELA, 1947.

QUE LINDO ....

O QUE VOCÊ ACHOU DESTE QUADRO ....

ADOREI .... AS CRIANÇAS PARECEM ESTAR SE DIVERTINDO MUITO ....

2 COLOQUE O PONTO DE INTERROGAÇÃO E O PONTO DE EXCLAMAÇÃO NO TEXTO ABAIXO. COMECE PELO TÍTULO.

ONDE ESTÁ O TELEFONE

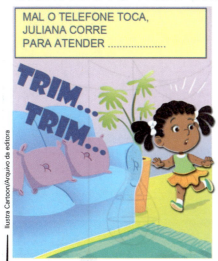

3 OBSERVE ESTA OBRA DO ARTISTA PLÁSTICO BRASILEIRO HÉLIO OITICICA. COM BASE EM SUA OBSERVAÇÃO, ESCREVA UMA FRASE USANDO PONTO DE EXCLAMAÇÃO E OUTRA USANDO PONTO DE INTERROGAÇÃO.

● **GRANDE NÚCLEO**, DE HÉLIO OITICICA. ÓLEO E RESINA EM PAINÉIS DE MADEIRA, 1960-1966.

ORTOGRAFIA — M ANTES DE P E B

LEIA O TEXTO COM OS COLEGAS.

OLHA QUE
ESCADA
COMPRIDA.
ESCADA
QUE NÃO
TEM FIM.
UM DEGRAU,
DEPOIS
O OUTRO...
PARECE
ZOMBAR
DE MIM!

RODA DE LETRINHAS DE A A Z, DE NYE RIBEIRO. VALINHOS, SÃO PAULO: RODA & CIA, 2012.

OBSERVE A POSIÇÃO DA LETRA **M** NESTAS PALAVRAS.

COMPRIDA → (**M** ANTES DE **P**)

ZOMBAR → (**M** ANTES DE **B**)

ANTES DE **P** E **B** USAMOS SEMPRE **M**.
ANTES DE OUTRAS CONSOANTES, USAMOS **N**.

1 COMPLETE OS AVISOS ABAIXO COM AS LETRAS **M** OU **N**.

AO SAIR, NÃO DEIXE LÂ_____PADAS ACESAS!

SE_____PRE CO_____PRE SOME_____TE O NECESSÁRIO!

2 ESCREVA AS EXPRESSÕES DOS QUADROS EMBAIXO DAS FIGURAS CORRESPONDENTES.

| TROMBA DE ELEFANTE | PENTE SEM DENTE |
| TAMBOR NA SOMBRA | BANCO NO CAMPO |

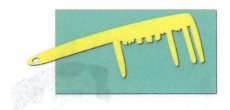 

....

....

3 ESCREVA A SÍLABA QUE FALTA EM CADA PALAVRA.

| | BO | LÊ | | | PU | TA | DOR |

| | PA | DA | | | BEI | RO |

13 SOM NASAL: TIL

LEIA ESTE POEMA E CONTORNE AS PALAVRAS QUE APRESENTAM O SINAL GRÁFICO TIL ~.

REIZINHOS MANDÕES

TODO DIA A GENTE ENCONTRA

MUITO REIZINHO MANDÃO

MAS OS REIS TAMBÉM ENFRENTAM

OS QUE SABEM DIZER NÃO!

TODA CRIANÇA DO MUNDO MORA NO MEU CORAÇÃO, DE RUTH ROCHA. SÃO PAULO: SALAMANDRA, 2014.

O SINAL ~ QUE APARECE SOBRE A VOGAL **A** E A VOGAL **O** NAS PALAVRAS QUE VOCÊ CONTORNOU CHAMA-SE **TIL**. ELE INDICA O SOM NASAL.

- COM A AJUDA DO PROFESSOR, PROCURE, EM REVISTAS E JORNAIS, PALAVRAS COM TIL E COPIE-AS ABAIXO.

ATIVIDADES

1 COMPLETE O NOME DOS BRINQUEDOS COM **Ã** OU **ÃO**.

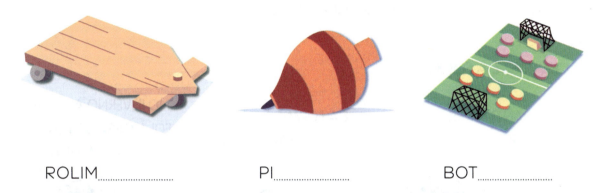

ROLIM_____   PI_____   BOT_____

2 DESEMBARALHE AS LETRAS E FORME OS NOMES PEDIDOS. COMECE PELA LETRA DESTACADA.

L O I **V** O Ã ⟶ INSTRUMENTO MUSICAL ⟶ _____

A Ã **M** O M ⟶ FRUTA ⟶ _____

I V Ã O **A** ⟶ MEIO DE TRANSPORTE ⟶ _____

Ã O **J** O ⟶ NOME PRÓPRIO DE PESSOA ⟶ _____

O E **L** Ã ⟶ NOME COMUM DE ANIMAL ⟶ _____

3 ESCREVA CADA PALAVRA EMBAIXO DA FIGURA CORRETA.

TUBARÃO   TUBARÕES

_____   _____

ORTOGRAFIA ➜ CE, CI, Ç

1 LEIA A FÁBULA COM OS COLEGAS.

A CIGARRA E A FORMIGA

DURANTE O VERÃO A CIGARRA CANTAVA...

... E A FORMIGA NÃO SE CANSAVA DE TRABALHAR.

NO INVERNO A CIGARRA FOI À CASA DA FORMIGA PEDIR AJUDA.

ESTOU COM MUITA FOME E FRIO. VOCÊ PODE ME DAR COMIDA E ABRIGO?

O QUE VOCÊ FEZ DURANTE TODO O VERÃO?

DURANTE O VERÃO EU CANTEI.

MUITO BEM, POIS AGORA DANCE!

FÁBULA DE ESOPO ADAPTADA PELOS AUTORES.

2 DE ACORDO COM A FÁBULA DA PÁGINA ANTERIOR, ESCREVA O NOME DE QUEM CANTAVA DURANTE O VERÃO.

....

3 ASSINALE O QUE A FORMIGA DISSE PARA A CIGARRA FAZER.

☐ AGORA CANTE!   ☐ AGORA DANCE!

4 CONTORNE A LETRA **C** NAS PALAVRAS.

CIGARRA   DANCE

- COMPLETE: NAS PALAVRAS ACIMA, A LETRA **C** VEM ANTES DAS VOGAIS .... E ....

> A LETRA **C** ANTES DAS LETRAS **E** E **I** TEM SOM DE **S**.

5 LEIA EM VOZ ALTA AS SEGUINTES PALAVRAS E COMPARE O SOM DA LETRA **C**.

| CIGARRA | CEGONHA | CAVALO |
| MORCEGO | CUTIA | COBRA |

- ESCREVA O NOME DOS ANIMAIS NA COLUNA CORRESPONDENTE.

SOM DO C (CA, CO, CU)	SOM DO C (CE, CI)

> A LETRA **C** ANTES DAS LETRAS **A**, **O** E **U** TEM SOM DE **K**.

6 ESCREVA A SÍLABA **CE** OU **CI** PARA COMPLETAR O NOME DAS FIGURAS.

	BO	LA

	BI		CLE	TA

7 LEIA A PARLENDA EM VOZ ALTA E CONTORNE AS PALAVRAS EM QUE A LETRA **C** TEM O SOM DA LETRA **S**.

UMA PULGA NA BALANÇA

DEU UM PULO, FOI À FRANÇA.

OS CAVALOS A CORRER,

OS MENINOS A BRINCAR,

VAMOS VER QUEM VAI PEGAR!

PARLENDA POPULAR.

8 LEIA EM VOZ ALTA AS PALAVRAS DO QUADRO.

| BALANÇA | FRANÇA | POÇO | CAÇULA |

- O QUE VOCÊ PERCEBEU NO SOM DAS LETRAS DESTACADAS?

> O SINAL COLOCADO EMBAIXO DA LETRA **C** É CHAMADO CEDILHA. A CEDILHA É USADA NO **C** ANTES DE **A**, **O** E **U**. NESSE CASO, ELA REPRESENTA O SOM **SÊ**.

9 LEIA AS PALAVRAS E ESCREVA-AS NOS BALÕES DE FALA ADEQUADOS.

FACA   FAÇA

10 COMPLETE AS PALAVRAS COM **C** OU **Ç**.

ALIMENTOS	ANIMAIS
MA......Ã	ON......A
ALFA......E	......ANGURU
A......ÚCAR	BI......HO-PREGUI......A
A......AÍ	AL......E
......EBOLA	......APIVARA
......OUVE	JA......ARÉ-A......U
ES......AROLA	......ERVO

14 PONTO FINAL E VÍRGULA

LEIA UM TRECHO DO LIVRO **BALAS, BOMBONS E CARAMELOS**.

UM GRANDE SUJEITO , O PIPO .

E NÃO ERA SÓ PORQUE ELE ERA UM SUJEITO GRANDE , NÃO .

AFINAL , HAVIA ALI POR PERTO MUITOS OUTROS BICHOS GRANDES .

MAS NENHUM TINHA TANTOS AMIGOS COMO PIPO , O HIPOPÓTAMO . [...]

BALAS, BOMBONS E CARAMELOS,
DE ANA MARIA MACHADO.
SÃO PAULO: MODERNA, 2015.

ALÉM DAS LETRAS, ESSE TEXTO APRESENTA OS SEGUINTES SINAIS DE PONTUAÇÃO:

. **PONTO FINAL** – USADO NO FINAL DAS FRASES.

, **VÍRGULA** – USADA PARA SEPARAR AS PALAVRAS.

ATIVIDADES

1 LEIA MAIS ESTE TRECHO DO LIVRO **BALAS, BOMBONS E CARAMELOS**. PINTE DE **AMARELO** AS VÍRGULAS E DE **VERDE** OS PONTOS FINAIS.

> [...] MAS, TAMBÉM, NENHUM DELES TINHA A SIMPATIA DO PIPO.
>
> A CALMA DO PIPO.
>
> PRINCIPALMENTE, O SORRISO DO PIPO.
>
> POR ISSO TODO MUNDO GOSTAVA DELE. [...]
>
> **BALAS, BOMBONS E CARAMELOS**, DE ANA MARIA MACHADO. SÃO PAULO: MODERNA, 2015.

2 COMPLETE CADA FRASE COM A PALAVRA ABAIXO MAIS ADEQUADA E COLOQUE O PONTO FINAL.

| HISTÓRIA | DESENHOS | HIPOPÓTAMO |

A) GANHEI UM LIVRO DE _____ NO MEU ANIVERSÁRIO _____

B) FIZ ALGUNS _____ DA HISTÓRIA COM GIZ DE CERA _____

C) PIPO ERA O NOME DO _____ DA HISTÓRIA QUE LI _____

3 REESCREVA A FRASE SUBSTITUINDO AS FIGURAS POR PALAVRAS. USE VÍRGULA E PONTO FINAL NA FRASE REESCRITA.

> É PROIBIDO PISAR NA 🌱 ARRANCAR 🌷 JOGAR 🍌 NO CHÃO E MALTRATAR OS 🐦🐶🐱

....

....

4 EM CADA ITEM, USE A VÍRGULA PARA SEPARAR CIDADE E DATA.

A) MANAUS 12 DE SETEMBRO DE 2016.

B) SALVADOR 19 DE AGOSTO DE 2018.

C) FLORIANÓPOLIS 30 DE ABRIL DE 2017.

D) SÃO PAULO 25 DE DEZEMBRO DE 2019.

5 VEJA O CONVITE QUE JOANA FEZ PARA CHAMAR OS AMIGOS PARA SUA FESTA DE ANIVERSÁRIO. CONTORNE AS VÍRGULAS.

VENHA COMEMORAR O MEU ANIVERSÁRIO!

SALÃO DE FESTAS, 15 DE JANEIRO, ÀS 16 HORAS.

Rua do Horizonte, n. 99

VAI SER MUITO DIVERTIDO!

Joana

- AGORA É A SUA VEZ DE FAZER UM CONVITE!

  IMAGINE QUE SEU ANIVERSÁRIO ESTÁ CHEGANDO E PREENCHA O CONVITE ABAIXO PARA CHAMAR SEUS AMIGOS PARA UMA FESTA EM SUA CASA. NÃO SE ESQUEÇA DE USAR A PONTUAÇÃO.

6 OBSERVE O QUARTO DE CECÍLIA.

- DOS OBJETOS QUE ESTÃO NO QUARTO DE CECÍLIA, QUAIS SÃO ESCOLARES? ESCREVA O NOME DESSES OBJETOS.

    NÃO SE ESQUEÇA DE USAR A VÍRGULA.

    OS OBJETOS ESCOLARES QUE ESTÃO NO QUARTO

    DE CECÍLIA SÃO O .... OS

    .... O ....

    A .... A ....

    O .... E A ....

ORTOGRAFIA — SÍLABAS QUE, QUI

1 LEIA O POEMA E CONTORNE AS PALAVRAS QUE TÊM **QU**.

— PORQUINHO, PORQUINHO,
VOCÊ JÁ ESTÁ DE PÉ?
— SÓ UM MINUTINHO!
MEU CORPO NÃO QUER.
[...]

SÓ UM MINUTINHO, DE IVAN ZIGG.
RIO DE JANEIRO: NOVA FRONTEIRA, 2009.

2 COMPLETE AS PALAVRAS COM **QUE** OU **QUI**. DEPOIS, COPIE-AS.

MOS_____TO   PAR_____   PERI_____TO

_____   _____   _____

BRIN_____DO   ES_____LO   ES_____LETO

_____   _____   _____

NAS SÍLABAS **QUE** E **QUI**, A VOGAL **U** NÃO É PRONUNCIADA.

3 ESCREVA O DIMINUTIVO DOS NOMES. VEJA O EXEMPLO.

BARCO — *barquinho*

BONECA — ....

PETECA — ....

COCO — ....

4 QUE SÍLABAS FALTAM NESTAS PALAVRAS? **DICA**: ELAS TÊM **QU** SEGUIDO DAS VOGAIS **E** OU **I**.

	E	TO

MÁ		NA

BOS	

ES		NA

EM	BAR	

RA		TE

15 MASCULINO E FEMININO

LEIA O TEXTO E COMPARE OS PARES DE ANIMAIS APRESENTADOS.

NO DESFILE DA BICHARADA,
OS PARES SE APRESENTANDO:
É **O GATO** COM **A GATA**,
O CÃO COM **A CADELA**.
CHEGAM TAMBÉM BERRANDO
O CARNEIRO E **A OVELHA**.
E NO FINAL, CANTANDO,
O GALO E **A GALINHA**.

TEXTO DOS AUTORES.

INDICAM ANIMAIS DO SEXO MASCULINO	INDICAM ANIMAIS DO SEXO FEMININO
O GATO	A GATA
O CÃO	A CADELA
O CARNEIRO	A OVELHA
O GALO	A GALINHA

OS NOMES PODEM SER **MASCULINOS** OU **FEMININOS**.

ANTES DOS NOMES MASCULINOS, PODE-SE USAR **O**. POR EXEMPLO: **O** GATO.

ANTES DOS NOMES FEMININOS, PODE-SE USAR **A**. POR EXEMPLO: **A** CADELA.

ATIVIDADES

1 ESCREVA A LETRA INICIAL DE CADA FIGURA E DESCUBRA OUTRO NOME.

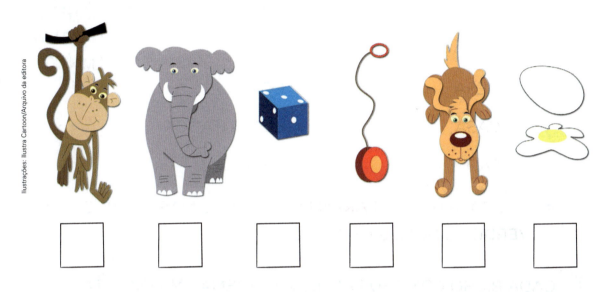

☐ ☐ ☐ ☐ ☐ ☐

- AGORA, COMPLETE A FRASE COM O NOME QUE VOCÊ DESCOBRIU E SEU FEMININO.

O _____ E A _____ CUIDAM DOS PACIENTES.

2 VAMOS FORMAR PARES? COMPLETE AS COLUNAS.

NOMES MASCULINOS	NOMES FEMININOS
O ALUNO	A _____
O _____	A VIZINHA
O _____	A AMIGA
O FILHO	A _____
O NETO	A _____
O _____	A PRIMA

127

3 ESCREVA **A** OU **O** ANTES DE CADA NOME A SEGUIR.

.... BICICLETA   .... XÍCARA

.... LIVRO   .... PRATO

.... TOMATE   .... CARRO

.... MESA   .... PORTA

.... CASA   .... COMPUTADOR

.... PÃO   .... CEBOLA

> O NOME DAS COISAS E DOS OBJETOS TAMBÉM PODE SER MASCULINO OU FEMININO.

- AGORA, PINTE DE **LARANJA** OS NOMES MASCULINOS E DE **VERDE** OS NOMES FEMININOS.

4 CADA BICHO COM SEU PAR! LEIA O POEMA EM VOZ ALTA.

A DANÇA DOS BICHOS

NO BAILE DA BICHARADA

DANÇA O PERU COM A PERUA

O MACACO COM A MACACA

O BOI NÃO DANÇA COM A BOA

O BOI SÓ DANÇA COM A VACA!

TODA CRIANÇA DO MUNDO MORA NO MEU CORAÇÃO, DE RUTH ROCHA. SÃO PAULO: SALAMANDRA, 2014.

- AGORA, ESCREVA O FEMININO DOS NOMES ABAIXO.

A) O PERU E A ....

B) O MACACO E A ....

C) O BOI E A ....

5 VEJA ESTA PÁGINA DE UM ÁLBUM COM PARES DE FIGURINHAS. CONTINUE A DESENHAR E A ESCREVER OS NOMES.

ORTOGRAFIA — PALAVRAS COM LH

1 COMPLETE COM A LETRA **H** O ESPAÇO DA FRASE.

O GALO FOI PARAR NO GAL.................O DA ÁRVORE!

Ilustra Cartoon/Arquivo da editora

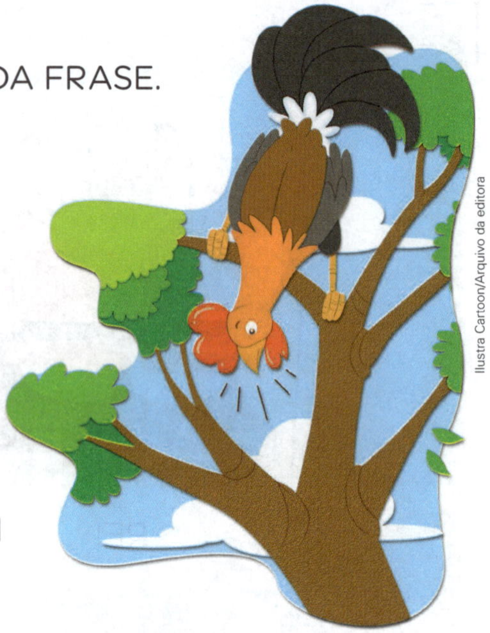

A) QUAL PALAVRA FOI FORMADA?

h ....

B) AGORA, COMPLETE ESTA FRASE.

A PALAVRA **GALO** VIRA **GALHO** COM O ACRÉSCIMO DA LETRA ....

AS LETRAS **LH** SÃO PRONUNCIADAS JUNTAS.

2 ACRESCENTE A LETRA **H**, COMO NO EXEMPLO, E FORME NOVAS PALAVRAS.

BOLA ⟶ *bolha*

MALA ⟶ ....

CALA ⟶ ....

VELA ⟶ ....

FALA ⟶ ....

FILA ⟶ ....

TELA ⟶ ....

MOLA ⟶ ....

ROLA ⟶ ....

COLA ⟶ ....

3 ACOMPANHE A LEITURA DO TEXTO E COMPLETE-O COM O NOME DAS FIGURAS ABAIXO.

QUANDO HOJE ACORDEI, ABRI OS _____ ASSUSTADA COM UMA GRITARIA E UM BARULHÃO NA SALA.

CAÍ NA GARGALHADA QUANDO VI UM _____ QUE SALTAVA DE UM LADO PARA O OUTRO, TENTANDO ESCAPAR DE UMA _____ QUE MIRAVA PICAR SUA _____ .

TEXTO DOS AUTORES.

4 ESCREVA A SÍLABA QUE FALTA NO NOME DE CADA FIGURA.

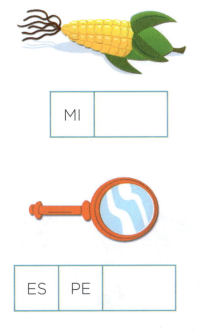

| MI | |

| PI | O |

| ES | PE | |

| FO | | GEM |

5 LEIA O TEXTO COM OS COLEGAS E O PROFESSOR. DEPOIS, CONTORNE AS PALAVRAS QUE TENHAM **LH**.

O PALHAÇO É SEMPRE FALANTE E BRINCALHÃO. ELE CANTA E TOCA INSTRUMENTOS.

SUAS ROUPAS SÃO COLORIDAS E SEUS SAPATOS SÃO GRANDES. ELE TEM UMA BOCA ENORME E UM NARIZ VERMELHO NA CARA BRANCA.

QUANDO SURGIU O CIRCO, NÃO EXISTIA LUZ ELÉTRICA E AS VELAS E OS LAMPIÕES NÃO ILUMINAVAM O PALCO DIREITO.

PARA A PLATEIA VER O PALHAÇO DE LONGE, ELE PINTAVA O ROSTO DE BRANCO E DEIXAVA A BOCA BEM GRANDE E AS EXPRESSÕES BEM MARCADAS. E ESSE COSTUME CONTINUA ATÉ HOJE!

CIRCOLÂNDIA, DE RODRIGO DE FREITAS VALLE EGEA E ROSIMARA VIANNA. SÃO PAULO: MODERNA, 2014.

6 AGORA, ESCREVA AS PALAVRAS QUE VOCÊ CONTORNOU. DEPOIS, CRIE UMA FRASE COM ELAS.

....
....
....
....

EXPLORANDO O MINIDICIONÁRIO

VOCÊ SABIA QUE NOS DICIONÁRIOS AS PALAVRAS APARECEM EM ORDEM ALFABÉTICA? NELES SÃO APRESENTADOS OS SIGNIFICADOS DESSAS PALAVRAS.

1 PROCURE NO **MINIDICIONÁRIO** AS PALAVRAS **FANTASIA** E **ROUPÃO**. QUAL DELAS APARECE PRIMEIRO?

_____

2 AGORA, LEIA O SIGNIFICADO DESSAS DUAS PALAVRAS COM OS COLEGAS E O PROFESSOR.

DE ACORDO COM O QUE VOCÊS LERAM, ESCREVA O QUE REPRESENTA A VESTIMENTA QUE CADA CRIANÇA ESTÁ USANDO.

Ilustra Cartoon/Arquivo da editora

_____

3 LOCALIZE NO **MINIDICIONÁRIO** PALAVRAS QUE COMEÇAM COM **C**.

A) ESCREVA AQUI AS PALAVRAS EM QUE A LETRA **C** TEM SOM DE **S**.

_____

B) AGORA, LEIA O SIGNIFICADO DE CADA UMA DESSAS PALAVRAS E ESCOLHA UMA DELAS PARA ESCREVER UMA FRASE.

_____

_____

_____

EXPLORANDO O TEMA...

RESPEITO AOS IDOSOS

VOCÊ JÁ PAROU PARA PENSAR QUE UMA PESSOA IDOSA UM DIA FOI JOVEM, ASSIM COMO VOCÊ? E QUE UM DIA VOCÊ TAMBÉM SERÁ UMA PESSOA IDOSA?

OBSERVE O CARTAZ A SEGUIR, QUE FOI USADO EM UMA CAMPANHA DE RESPEITO AOS IDOSOS EM FORTALEZA, NO ESTADO DO CEARÁ. ELE MOSTRA DUAS PESSOAS EM FASES DIFERENTES DA VIDA.

REFLETINDO SOBRE O TEMA

1 QUAL É A FUNÇÃO DESSE CARTAZ?

2 SUBLINHE NO CARTAZ A FRASE QUE ESTÁ EM LETRA CURSIVA.

A) O QUE ESSA FRASE QUE VOCÊ SUBLINHOU QUER DIZER NO CARTAZ?

B) CONTORNE O PONTO FINAL NESSA FRASE.

- POR QUE O PONTO FINAL FOI USADO NESSA FRASE?

3 O QUE O GESTO QUE A MENINA ESTÁ FAZENDO NO CARTAZ REPRESENTA?

4 RELEIA A FRASE DO CARTAZ QUE TEM UM PONTO DE EXCLAMAÇÃO.

- POR QUE CUIDAR DOS IDOSOS É AMAR O NOSSO FUTURO?

AMPLIANDO E MOBILIZANDO IDEIAS

5 A TURMA VAI ELABORAR UMA CAMPANHA SOBRE RESPEITO AOS IDOSOS QUE SERÁ DIVULGADA NA ESCOLA.

A) COM SEU GRUPO, PENSE EM ATITUDES QUE PODEMOS PRATICAR NO DIA A DIA PARA QUE OS IDOSOS TENHAM O DIREITO AO RESPEITO GARANTIDO.

B) PARA CRIAR O CARTAZ, VOCÊS PODEM USAR IMAGENS E TEXTOS. PENSEM NO TIPO DE LETRA QUE USARÃO. LEMBREM-SE DE USAR VÍRGULA, PONTO FINAL E PONTO DE EXCLAMAÇÃO, SE NECESSÁRIO.

C) QUANDO OS CARTAZES ESTIVEREM PRONTOS, APRESENTEM PARA OS DEMAIS COLEGAS DA SALA.

D) COMBINEM COM O PROFESSOR EM QUAL LOCAL DA ESCOLA OS CARTAZES SERÃO EXPOSTOS.

PENSAR, REVISAR, REFORÇAR

1 ESCREVA EM CADA QUADRINHO DA PÁGINA SEGUINTE O NÚMERO DA CAIXA EM QUE OS OBJETOS DEVEM SER COLOCADOS, DE ACORDO COM A LEGENDA. **DICA**: SÃO 4 OBJETOS POR CAIXA.

CAIXA 1 – OBJETOS CUJO NOME TEM ACENTO OU TIL.

CAIXA 2 – OBJETOS CUJO NOME TEM AS LETRAS **R** OU **RR**.

CAIXA 3 – OBJETOS CUJO NOME TEM A LETRA **S**.

CAIXA 4 – OBJETOS CUJO NOME TEM AS LETRAS **Ç** OU **C**.

2 AGORA, ESCREVA O NOME DESSES OBJETOS NAS CAIXAS REPRESENTADAS ABAIXO.

137

UNIDADE 4
DESCOBRINDO NOVAS PALAVRAS

ENTRE NESTA RODA
- QUE TIPOS DE BRINQUEDO SÃO VENDIDOS NESSA LOJA?
- QUAL É A DIFERENÇA ENTRE AS BONECAS QUE A MÃE E A FILHA SEGURAM?

NESTA UNIDADE VAMOS ESTUDAR...
- SINGULAR E PLURAL
- AUMENTATIVO E DIMINUTIVO
- QUALIDADE DOS NOMES
- PALAVRAS QUE INDICAM AÇÃO
- AÇÃO: ONTEM, HOJE, AMANHÃ
- LEITURA E ESCRITA DE PALAVRAS COM: **NH, CH, X, GUE/GUI**

16 SINGULAR E PLURAL

ACOMPANHE A LEITURA QUE O PROFESSOR VAI FAZER DO TEXTO.

BONECAS

PARA AS MENINAS,
BONECAS DE LOUÇA
QUE VIERAM DE OUTRO SÉCULO.
PARA TOCAR, VESTIR,
FINGIR QUE SÃO DE VERDADE E
TRANÇAR SEUS CABELOS.
PARA AMAR...

SÃO TÃO FRÁGEIS,
ATRAVESSARAM O TEMPO
E NÃO SE SABE QUANTAS
CIDADES,
BASTA UM DESCUIDO
E QUEBRAM-SE EM MIL
PEDAÇOS.

CUIDAR DE UMA BONECA
DE LOUÇA
É COMO CUIDAR DAS GOTAS
DE ORVALHO
QUE O CÉU DERRAMA
EM UM JARDIM.

ARMARINHO MÁGICO, DE ROSEANA MURRAY. SÃO PAULO: ESTRELA CULTURAL, 2018.

OBSERVE:

A BONECA

↓

UMA SÓ BONECA

AS BONECAS

↓

MAIS DE UMA BONECA

ATIVIDADES

1 CONTINUE A ESCREVER E A DESENHAR.

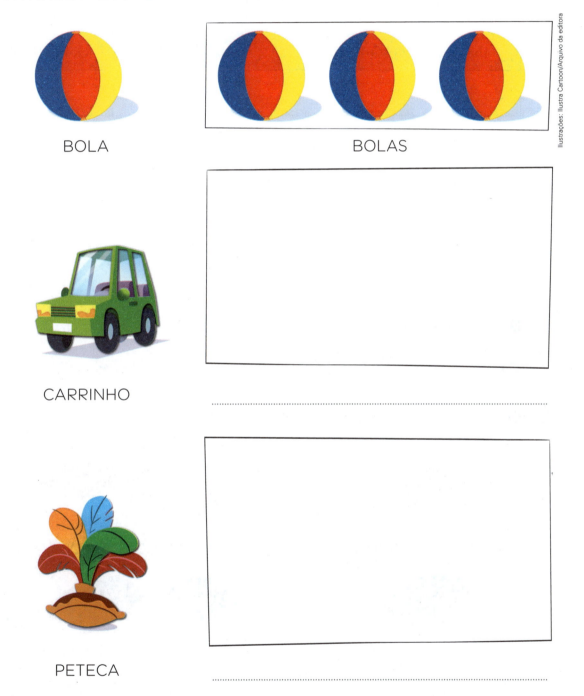

BOLA

BOLAS

CARRINHO

PETECA

 2 QUE TAL BRINCAR DE **JOGO DA MEMÓRIA**? DESTAQUE O ENVELOPE E AS FICHAS DO **CADERNO DE JOGOS**. ACOMPANHE AS REGRAS DO JOGO COM O PROFESSOR E OS COLEGAS.

3 LEIA AS PALAVRAS ABAIXO. DEPOIS, ESCREVA-AS NA COLUNA CORRETA.

BRINQUEDOS JOGOS LIVRO BAMBOLÊ

INDICA UM SÓ ELEMENTO	INDICA MAIS DE UM ELEMENTO

- AGORA, COMPLETE AS FRASES COM AS PALAVRAS DO QUADRO.

A) AS MENINAS PEGARAM OS .... E OS ....

B) GABRIEL PREFERIU LER UM ....

C) JOANA BRINCOU DE RODAR O ....

4 OBSERVE O EXEMPLO E CONTINUE A ESCREVER.

TAPETE COLORIDO

TAPETES COLORIDOS

CARRO NOVO

CADEIRA ALTA

5 ENCONTRE NO DIAGRAMA QUATRO PALAVRAS QUE INDICAM MAIS DE UM ELEMENTO E CONTORNE-AS.

W	E	S	T	R	E	L	A	S	W	A
H	A	M	Ã	O	S	G	U	Q	R	B
U	H	Q	R	Q	I	N	O	H	J	I
I	W	C	O	L	A	R	E	S	L	I
H	T	R	D	P	X	R	O	N	U	L
O	N	S	B	O	M	B	O	N	S	U
U	H	Q	R	Q	I	N	O	H	J	I

- AGORA, ESCREVA ABAIXO DA FIGURA CORRESPONDENTE AS PALAVRAS QUE VOCÊ ENCONTROU.

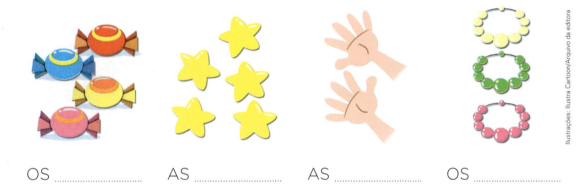

OS _____   AS _____   AS _____   OS _____

6 COMPLETE SEGUINDO O EXEMPLO.

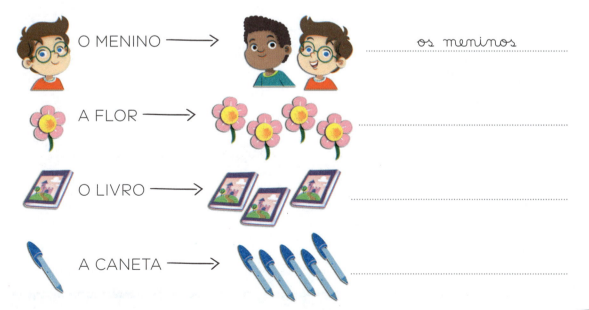

O MENINO ⟶ .... *os meninos* ....

A FLOR ⟶ ....

O LIVRO ⟶ ....

A CANETA ⟶ ....

NO DIA A DIA

MUITAS VEZES, NO DIA A DIA, QUEREMOS ESCOLHER MAIS DE UMA COISA, MAS PRECISAMOS SOMENTE DE UMA.

VOCÊ JÁ PEDIU A UM ADULTO QUE LHE DESSE MAIS DE UMA COISA, MAIS DE UM BRINQUEDO OU MAIS DE UMA ROUPA, POR EXEMPLO, EM UM MOMENTO EM QUE APENAS UMA ERA SUFICIENTE?

1 FAÇA DESENHOS E ESCREVA COMO ESSA SITUAÇÃO FOI RESOLVIDA, SE VOCÊ GANHOU UMA OU MAIS DE UMA DAS COISAS QUE VOCÊ QUERIA.

2 COM O PROFESSOR E OS COLEGAS, FAÇA UMA LISTA DE ITENS QUE VOCÊS ACHAM QUE PRECISARIAM SER COMPRADOS PARA A ESCOLA. NÃO SE ESQUEÇA DE CITAR A QUANTIDADE DE CADA UM.

- NA LISTA QUE VOCÊS ELABORARAM HÁ ALGUM ITEM MAIS IMPORTANTE, QUE PRECISA SER ADQUIRIDO COM MAIS URGÊNCIA? POR QUE ELE É IMPORTANTE?

ORTOGRAFIA — PALAVRAS COM NH

1 LEIA O TEXTO COM OS COLEGAS.

ORA BOLAS!

ORA BOLAS BOLINHAS BALÕES!
ORA BALAS BARBATANAS BOTÕES!
ORA BALSAS BAINHAS BORRÕES!
ORA BANDAS BARGANHAS BABÕES!
ORA BODES BULDOGUES BARÕES!
ORA BOLAS BOLINHAS LIMÕES!

TRAVA-LÍNGUA, QUEBRA-QUEIXO, REMA-REMA, REMELEXO, DE ALMIR CORREIA. SÃO PAULO: CORTEZ, 2010.

- AGORA, COPIE AS PALAVRAS DO TEXTO QUE TÊM **NH**.

....
....
....

2 ESCREVA AS SÍLABAS **NHA** OU **NHO** E COMPLETE O NOME DOS ANIMAIS.

CEGO............   GAFA............TO   GALI............

146

- CONTINUE COMPLETANDO COM **NHA** OU **NHO**.

ARA_____   MI_____CA   PINTI_____

3 LEIA A FRASE E OBSERVE A CENA.

NÃO **TINHA** ÁGUA NA **TINA**.

A) COMPARE AS PALAVRAS ABAIXO E REPARE QUE A INCLUSÃO DA LETRA **H** MUDOU O SOM E O SENTIDO DA PRIMEIRA PALAVRA.

TINA → TIN**H**A

B) FORME NOVAS PALAVRAS ACRESCENTANDO A LETRA **H**.

MINA → _____   SONO → _____

PINO → _____   MANA → _____

4 ORDENE AS SÍLABAS E DESCUBRA PALAVRAS.

| NHÃ | MA | → _____

| NHO | BA | → _____

| NHÃO | MI | CA | → _____

| DA | PE | NHO | CI | → _____

5 AGORA, COMPLETE AS FRASES COM AS PALAVRAS FORMADAS NA ATIVIDADE ANTERIOR.

A) COMA UM .... DE BOLO!

B) MEU TIO É MOTORISTA DE ....

C) ACORDEI ÀS 7 HORAS DA ....

D) TOMEI .... E FUI PARA A ESCOLA.

6 QUAL DAS PALAVRAS SE ENCAIXA NOS QUADRINHOS? SEPARE AS SÍLABAS E DESCUBRA!

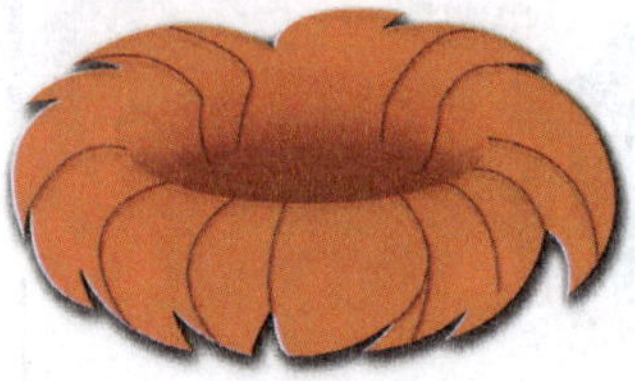

NINHO

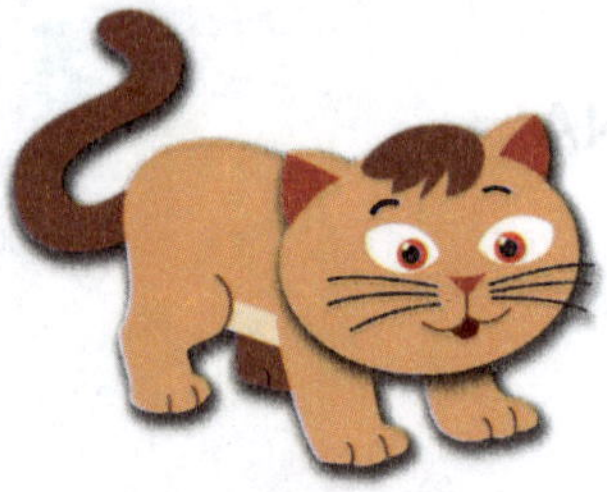

GATINHO

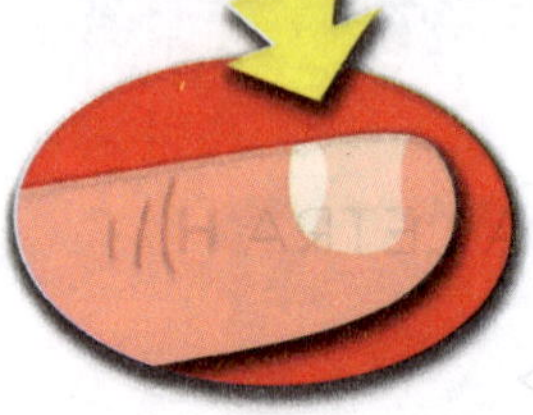

UNHA

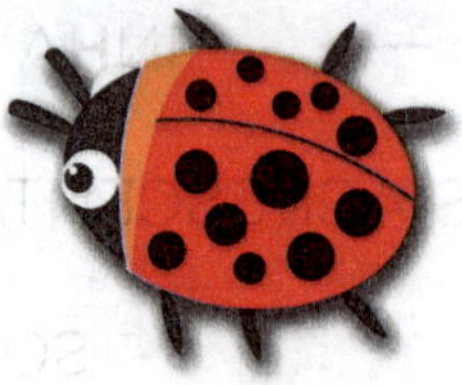

JOANINHA

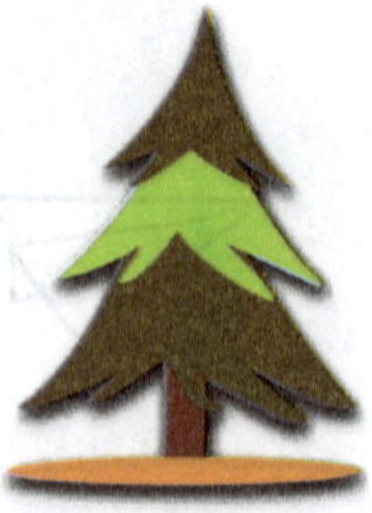

PINHEIRO

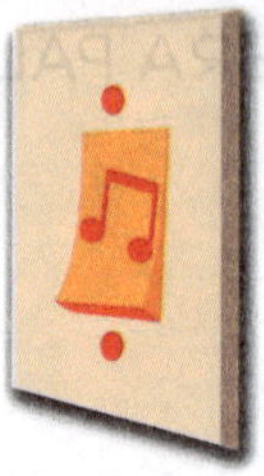

CAMPAINHA

Ilustrações: Ilustra Cartoon/Arquivo da editora

NA SEPARAÇÃO DE SÍLABAS, AS LETRAS **NH** FICAM JUNTAS.

AUMENTATIVO E DIMINUTIVO

OBSERVE COMO PODEMOS NOS REFERIR A ESTES PEIXES.

O **DIMINUTIVO** PODE SER USADO PARA INDICAR DIMINUIÇÃO DE TAMANHO.

O **AUMENTATIVO** PODE SER USADO PARA INDICAR AUMENTO DE TAMANHO.

ATIVIDADES

1 LEIA O TEXTO ABAIXO COM O PROFESSOR E OS COLEGAS.

ERA UMA VEZ UM SOLDADINHO DE CHUMBO, QUE ESTAVA ABANDONADO E ESQUECIDO ENTRE BONECÕES, LIVRÕES E TRENZINHOS DE MADEIRA.

- CONTORNE OS BRINQUEDOS QUE FORAM CITADOS NO TEXTO NO DIMINUTIVO E FAÇA UM **X** NOS QUE FORAM CITADOS NO AUMENTATIVO.

 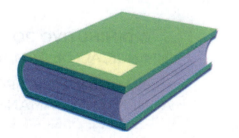

2 LEIA O TRECHO DE UM POEMA.

SEU LOBO

SEU LOBO, POR QUE ESSES OLHOS TÃO GRANDES?

PRA TE VER, CHAPEUZINHO.

SEU LOBO, PRA QUE ESSAS PERNAS TÃO GRANDES?

PRA CORRER ATRÁS DE TI, CHAPEUZINHO.

[...]

SEU LOBO, POR QUE ESSE NARIZ TÃO GRANDE?

PRA TE CHEIRAR, CHAPEUZINHO.

SEU LOBO, POR QUE ESSA BOCA TÃO GRANDE?

AH, DEIXA DE SER ENJOADA, CHAPEUZINHO!

111 POEMAS PARA CRIANÇAS, DE SÉRGIO CAPPARELLI.
PORTO ALEGRE: L&PM, 2003.

- REESCREVA AS FRASES ABAIXO, SUBSTITUINDO AS EXPRESSÕES DESTACADAS POR PALAVRAS DO QUADRO.

BOCARRA   PERNAÇAS   OLHÕES   NARIGÃO

A) SEU LOBO, POR QUE ESSES **OLHOS TÃO GRANDES**?

....

B) SEU LOBO, POR QUE ESSAS **PERNAS TÃO GRANDES**?

....

C) SEU LOBO, POR QUE ESSE **NARIZ TÃO GRANDE**?

....

D) SEU LOBO, POR QUE ESSA **BOCA TÃO GRANDE**?

....

- AGORA, VAMOS DIMINUIR O TAMANHO?

> PERNINHAS   OLHINHOS   BOQUINHA   NARIZINHO

A) SEU LOBO, POR QUE ESSES **OLHOS TÃO PEQUENOS**?

....

B) SEU LOBO, POR QUE ESSAS **PERNAS TÃO PEQUENAS**?

....

C) SEU LOBO, POR QUE ESSE **NARIZ TÃO PEQUENO**?

....

D) SEU LOBO, POR QUE ESSA **BOCA TÃO PEQUENA**?

....

3 ALINE E JUCA SÃO VIZINHOS. ALINE TEM UM CACHORRINHO E JUCA TEM UM CACHORRÃO. DESENHE COMO VOCÊ IMAGINA QUE SEJA O CACHORRO DELES.

ALINE   JUCA

- DE QUEM É O CACHORRO MAIOR?

☐ ALINE   ☐ JUCA

4 DESENHE NOS QUADROS VAZIOS, CONFORME A INDICAÇÃO.

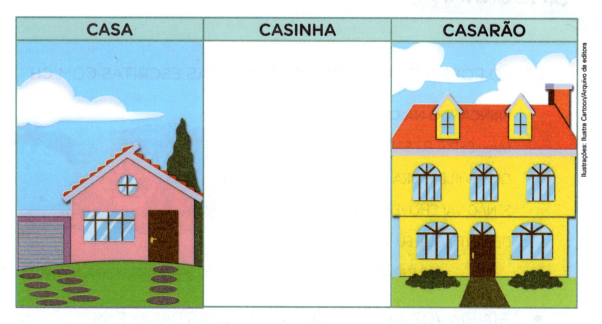

ORTOGRAFIA — PALAVRAS COM CH

1 LEIA O POEMA E CONTORNE AS PALAVRAS ESCRITAS COM **CH**.

BRINCANDO NA CHUVA

MÃE, DEIXA EU SAIR NA CHUVA,
QUERO IR LÁ FORA BRINCAR.
SENÃO VAI CHOVER EM CASA
DE TANTO QUE EU VOU CHORAR!

POR ENQUANTO EU SOU PEQUENO, DE PEDRO BANDEIRA. SÃO PAULO: MODERNA, 2002.

- LEIA EM VOZ ALTA AS SÍLABAS DESSAS PALAVRAS:

CHU-VA   CHO-VER   CHO-RAR

AS LETRAS **CH** SÃO PRONUNCIADAS JUNTAS.

2 ESCREVA O NOME DAS FIGURAS COM AS SÍLABAS SEPARADAS.

....

....

- AGORA, CONTORNE AS SÍLABAS QUE TÊM **CH**.

3 ACRESCENTE A LETRA **H** E DESCUBRA OUTRAS PALAVRAS. VEJA O EXEMPLO.

MARCA ⟶ marcha

CACO ⟶ ....

CÃO ⟶ ....

LANCE ⟶ ....

4 LEIA O TEXTO A SEGUIR. DEPOIS, CONTORNE TODAS AS PALAVRAS QUE TÊM **CH**.

COM **C** ESCREVO CACARECO,

CABRA, COBRA E CRISTAL.

CURIOSIDADE, CACHORRO, CÉU,

CHAVE, CAVALO E CHAPÉU.

O MEU CHAPÉU TEM TRÊS PONTAS,

TEM TRÊS PONTAS O MEU CHAPÉU.

SE NÃO TIVESSE TRÊS PONTAS,

NÃO SERIA MEU CHAPÉU.

UM MUNDO CHAMADO ALFABETO, DE MARCO HAILER.
SÃO PAULO: CAROCHINHA, 2014.

A) DESENHE UM CHAPÉU DE TRÊS PONTAS AO LADO DO TEXTO.

B) ESCREVA UMA FRASE COM AS PALAVRAS **CHAPÉU**, **CACHORRO** E **CHAVE**.

....
....
....

18 QUALIDADE DOS NOMES

LEIA O POEMA.

ESPERANÇA

ESTAVA SENTADO NO JARDIM,

ERA UMA TARDE QUENTE DE VERÃO.

UM INSETO VERDE POUSOU EM MIM,

DE ESPERANÇA SE ENCHEU MEU CORAÇÃO.

ESPERANÇA É O BICHO: BRINCANDO COM AS PLANTAS E A BIODIVERSIDADE, DE ROGÉRIO NIGRO. SÃO PAULO: ÁTICA, 2011.

NOTE QUE A PALAVRA **VERDE** É USADA NO TEXTO PARA DIZER COMO É O INSETO.

INSETO **VERDE**
↓
QUALIDADE DO NOME

- LEIA NOVAMENTE O POEMA.

  QUAL PALAVRA FOI USADA PARA INDICAR COMO ESTAVA A TARDE DE VERÃO?

  ....

- USE UMA PALAVRA PARA INDICAR COMO ESTÁ O DIA DE HOJE NA ESCOLA.

  ....

PODEMOS USAR PALAVRAS PARA DIZER COMO É OU COMO ESTÁ UMA PESSOA, UM ANIMAL, UM OBJETO, UM LUGAR. ESSAS PALAVRAS INDICAM **QUALIDADES** OU **CARACTERÍSTICAS DO NOME**.

COMO VIMOS ACIMA, AS **CORES** TAMBÉM INDICAM UMA **QUALIDADE**.

ATIVIDADES

1 NOS TÍTULOS DESTES LIVROS APARECEM ALGUMAS QUALIDADES. DESCUBRA-AS E ESCREVA-AS ABAIXO DE CADA CAPA.

....

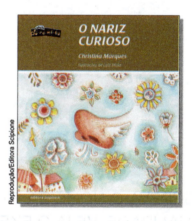

....

....

2 MARQUE COM UM **X** AS QUALIDADES DOS NOMES A SEGUIR.

A) 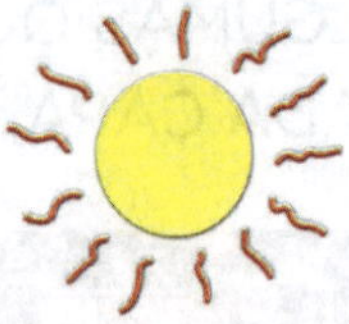

SOL

☐ AMARELO

☐ QUADRADO

☐ REDONDO

B) 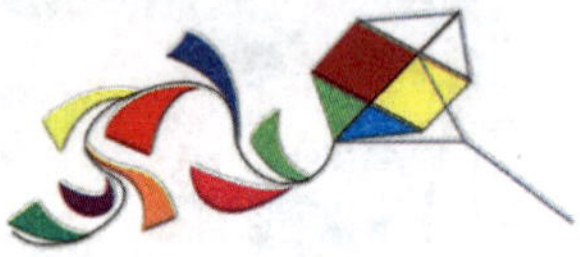

PIPA

☐ COLORIDA

☐ LEVE

☐ REDONDA

C) 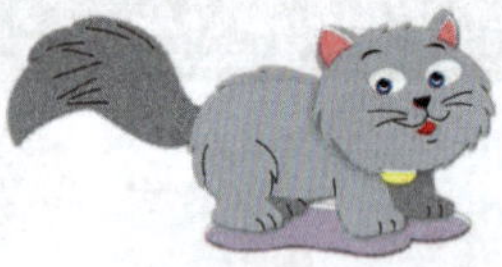

GATINHO

☐ CINZA

☐ FEROZ

☐ PELUDO

Ilustrações: Ilustra Cartoon/Arquivo da editora

3 ESCREVA O NOME DA FIGURA ACOMPANHADO DE UMA QUALIDADE. VEJA O EXEMPLO.

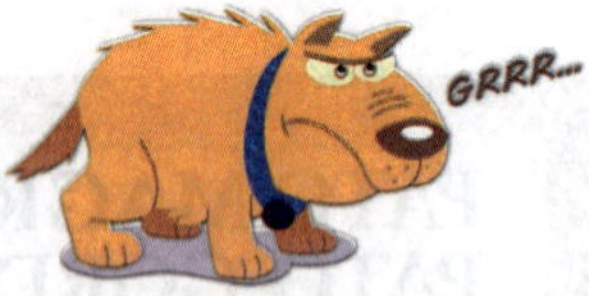

CÃO FEROZ

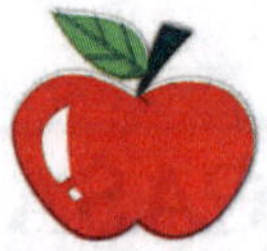

....

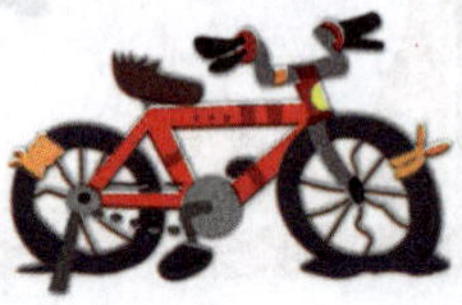

....

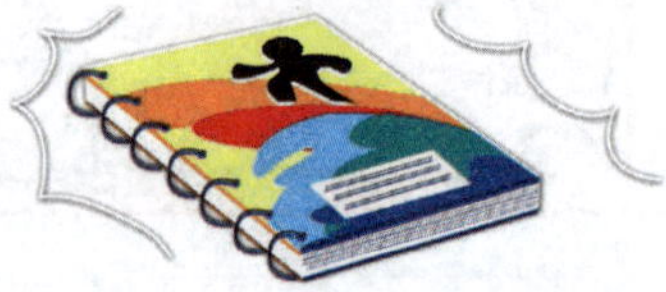

....

4 LEIA O POEMA COM OS COLEGAS E CONTORNE AS QUALIDADES DADAS ÀS BORBOLETAS.

AS BORBOLETAS

BRANCAS
AZUIS
AMARELAS
E PRETAS
BRINCAM
NA LUZ
AS BELAS
BORBOLETAS.
BORBOLETAS BRANCAS
SÃO ALEGRES E FRANCAS.
BORBOLETAS AZUIS
GOSTAM MUITO DE LUZ.
AS AMARELINHAS
SÃO TÃO BONITINHAS!
E AS PRETAS, ENTÃO...
OH, QUE ESCURIDÃO!

A ARCA DE NOÉ, DE VINICIUS DE MORAES. SÃO PAULO: COMPANHIA DAS LETRINHAS, 2015.

- PINTE AS BORBOLETAS DE ACORDO COM O POEMA.

5 OBSERVE A IMAGEM AO LADO E ESCREVA UMA FRASE USANDO AS PALAVRAS ABAIXO.

BORBOLETA   AZUL

....

....

....

ORTOGRAFIA — SÍLABAS GUE, GUI

1 LEIA EM VOZ ALTA AS PALAVRAS DESTACADAS.

GUILHERME E **MIGUEL** GOSTAM MUITO DE DESENHAR.

GUILHERME DESENHOU UMA **GUITARRA** E MIGUEL DESENHOU UM **FOGUETE**.

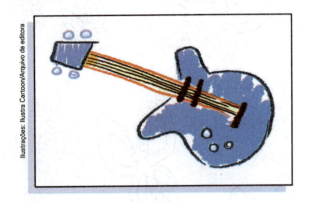

GUITARRA	FO**GUE**TE
GUILHERME	MI**GUEL**
(**GUI**)	(**GUE**)

- PENSE EM ALGUM OBJETO OU ANIMAL CUJO NOME TENHA A SÍLABA **GUE** OU **GUI** E DESENHE-O NO ESPAÇO ABAIXO. NÃO SE ESQUEÇA DE ESCREVER O NOME DELE.

2 JUNTE AS SÍLABAS DE ACORDO COM OS NÚMEROS E FORME PALAVRAS. SIGA O EXEMPLO.

1	2	3	4	5	6
CA	TAR	GUE	PRE	RA	JO

7	8	9	10	11	12
GUI	RAN	ÇA	A	CHÊ	GUER

A) 7, 2, 5 → guitarra

B) 1, 8, 3, 6 → ....

C) 7, 11 → ....

D) 4, 7, 9 → ....

E) 12, 5 → ....

F) 7, 10 → ....

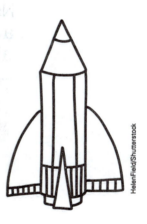

3 COMPLETE O QUADRO SEGUINDO O EXEMPLO.

AMIGA	AMIGUINHA
BARRIGA	
	FORMIGUINHA
JOGO	
	LAGUINHO
MANGA	
COLEGA	
	VASINHO

161

19 PALAVRAS QUE INDICAM AÇÃO

OBSERVE ESTE CARTAZ DE UMA CAMPANHA PROMOVIDA PELO MINISTÉRIO DAS CIDADES EM 2012.

AS PALAVRAS **ACELEROU** E **ATENDEU** INDICAM **AÇÃO**.

- LEIA NOVAMENTE O CARTAZ COM OS COLEGAS. NELE HÁ OUTRAS PALAVRAS QUE INDICAM AÇÃO?

ATIVIDADES

1 OBSERVE ESTA CENA.

- AGORA, COMPLETE AS FRASES COM AS AÇÕES INDICADAS NO QUADRO ABAIXO.

| LIGA   SOBE   ABRE   LÊ |

A) A MENINA _____ A ESCADA.

B) O MENINO _____ UM LIVRO.

C) DONA MARTA _____ A TV.

D) SEU JOÃO _____ A JANELA.

2 LEIA A PARLENDA E CONTORNE AS PALAVRAS QUE INDICAM AÇÃO.

BATATINHA QUANDO NASCE
ESPALHA A RAMA PELO CHÃO.
MENININHA QUANDO DORME
PÕE A MÃO NO CORAÇÃO.

PARLENDA POPULAR.

3 LEIA ESTE POEMA.

SUCURIZINHA

COME UM BESOURINHO,
CRESCE AQUI.
COME UM SAPINHO,
ESTICA ALI.
COME UM RATINHO,
ENGORDA AQUI.
COME UM PEIXINHO,
AUMENTA ALI.
COME, COME,
COME BASTANTE,
ATÉ VIRAR
UMA COBRA GIGANTE!

BEBÊS BRASILEIRINHOS, DE LALAU. SÃO PAULO: COSAC & NAIFY, 2014.

A) ESCREVA AS AÇÕES DA SUCURIZINHA.

- .... UM BESOURINHO E .... AQUI.
- .... UM SAPINHO E .... ALI.
- .... UM RATINHO E .... AQUI.
- .... UM PEIXINHO E .... ALI.

B) DESENHE A SUCURI DEPOIS DE TER COMIDO BASTANTE.

4 OBSERVE A CAPA DESTA REVISTA.

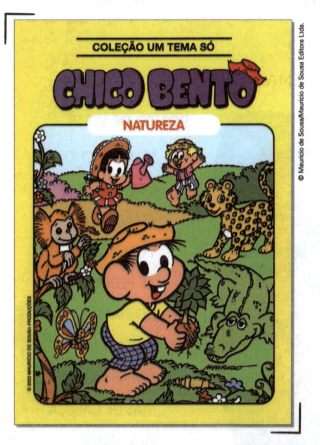

- ESCREVA A AÇÃO QUE VOCÊ ACHA QUE ESTES PERSONAGENS VÃO PRATICAR.

ROSINHA   CHICO BENTO

....

 5 DESTAQUE E MONTE O TABULEIRO DO JOGO **TRILHA DA AÇÃO**, DO **CADERNO DE JOGOS**. DIVIRTA-SE PRATICANDO AS AÇÕES INDICADAS NA CASA DA TRILHA EM QUE VOCÊ PARAR.

165

ORTOGRAFIA — X COM SOM DE CH

1 LEIA ESTE POEMA.

PONTO DE VISTA

VI UM CACHO
DE BANANA
AMARELINHA
ILUMINANDO
AS PEDRINHAS
DO RIACHO.
PARECIA
UM ABAJUR
MAS DE CABEÇA
PRA BAIXO.

POEMAS MIUDINHOS PARA BRINCAR E RITMAR, DE NEUSA SORRENTI. SÃO PAULO: CARAMELO, 2015.

A) COPIE DO POEMA AS PALAVRAS ESCRITAS

- COM **CH**: _____
- COM **X**: _____

B) LEIA EM VOZ ALTA AS PALAVRAS QUE ESCREVEU NO ITEM ACIMA E REPARE NO SOM DO **X**. O QUE VOCÊ PERCEBEU?

EM ALGUMAS PALAVRAS, O **X** TEM O MESMO SOM DO **CH**.

2 ESCREVA A SÍLABA QUE FALTA NAS PALAVRAS.

BRU............　　PEI............　　............CARA　　LI............

3 NO NOME DO ANIMAL DA FOTO AO LADO FALTA UMA DAS SÍLABAS DO QUADRO. DESCUBRA QUAL É E ESCREVA-A.

| XA | XE | XI | XO | XU |

TE............GO

4 COPIE AS FRASES SUBSTITUINDO A FIGURA PELA PALAVRA.

A) RUTE DEIXOU A  CAIR NO CHÃO.

....

....

B) A  ESTAVA CAÍDA PERTO DO CESTO DE 🗑 .

....

....

C) 🍍 E 🍑  SÃO MINHAS FRUTAS FAVORITAS.

....

....

20 AÇÃO: ONTEM, HOJE, AMANHÃ

LEIA.

ONTEM

ONTEM JOANA **BRINCOU** COM SEU AVÔ.

HOJE

HOJE ELA **BRINCA** COM SEUS PRIMOS.

AMANHÃ

AMANHÃ JOANA **BRINCARÁ** COM SEU IRMÃOZINHO.

OBSERVE:

ONTEM ⟶ A AÇÃO JÁ ACONTECEU.

HOJE ⟶ A AÇÃO ESTÁ ACONTECENDO.

AMANHÃ ⟶ A AÇÃO AINDA VAI ACONTECER.

ONTEM, **HOJE** E **AMANHÃ** INDICAM O TEMPO EM QUE AS AÇÕES OCORREM.

 ESCREVA NO CADERNO FRASES USANDO AÇÕES QUE VOCÊ:

- REALIZOU ONTEM.
- ESTÁ REALIZANDO AGORA.
- REALIZARÁ AMANHÃ.

ATIVIDADES

1 COMPLETE AS FRASES CONFORME A INDICAÇÃO ENTRE PARÊNTESES.

A) O CACHORRO .... PORQUE ESTÁ BRAVO.
(LATIR/ESTÁ ACONTECENDO)

B) EDU .... O COMPUTADOR.
(LIGAR/VAI ACONTECER)

C) EU .... BOLO DE FUBÁ.
(COMER/JÁ ACONTECEU)

2 OBSERVE AS CENAS E COMPLETE AS FRASES COM AS PALAVRAS DO QUADRO.

BEBE   BEBEU   BEBERÁ

A) O GATO .... LEITE.

B) O GATO .... LEITE.

C) O GATO .... LEITE.

AS AÇÕES SÃO PRATICADAS EM TEMPOS DIFERENTES.

ORTOGRAFIA

X COM SOM DE S; X COM SOM DE Z

1 LEIA A INFORMAÇÃO.

MUITOS ANIMAIS ESTÃO AMEAÇADOS DE EXTINÇÃO POR CAUSA DA CAÇA, DA POLUIÇÃO E DA DESTRUIÇÃO DO **HABITAT** EM QUE ELES VIVEM.

O LOBO-GUARÁ É UM EXEMPLO DESSES ANIMAIS.

• LOBO-GUARÁ

HABITAT: AMBIENTE NATURAL EM QUE UM ANIMAL OU UMA PLANTA VIVEM.

- COPIE AS PALAVRAS DO TEXTO QUE TÊM **X**.

_____

_____

2 COMPLETE AS FRASES COM AS PALAVRAS QUE VOCÊ COPIOU ACIMA.

- NA PALAVRA _____ A LETRA **X** TEM O MESMO SOM DE **S**, COMO EM **ESPERTO**.

- NA PALAVRA _____ A LETRA **X** TEM O MESMO SOM DE **Z**, COMO EM **AZEDO**.

3 EM CADA COLUNA, CONTORNE A PALAVRA EM QUE O **X** TEM O MESMO SOM DA PALAVRA DESTACADA.

ESCOLA (SOM DE S)	BUZINA (SOM DE Z)
XADREZ	TROUXE
EXCLAMAÇÃO	XERETA
REX	EXIGENTE

EXPLORANDO O MINIDICIONÁRIO

1 LEIA ESTA HISTÓRIA COM OS COLEGAS.

ALMANAQUE **HISTORINHAS DE UMA PÁGINA DA TURMA DA MÔNICA**, DE MAURICIO DE SOUSA. SÃO PAULO: PANINI COMICS, N. 8, FEV. 2013.

2 PROCURE NO **MINIDICIONÁRIO** A PALAVRA **EXPLICAR** E LEIA O SIGNIFICADO DELA COM OS COLEGAS. DEPOIS, EXPLIQUE COM SUAS PALAVRAS A HISTÓRIA QUE VOCÊ LEU NA ATIVIDADE 1.

....

....

....

....

PENSAR, REVISAR, REFORÇAR

1 OBSERVE ESTA OBRA DE ARTE.

● **PEIXES VERMELHOS**, ÓLEO SOBRE TELA DE HENRI MATISSE, 1911. MUSEU ESTATAL PUSHKIN DE BELAS ARTES, EM MOSCOU, RÚSSIA.

- QUE OBJETO COM ÁGUA DENTRO ESTÁ SOBRE A MESA E TEM SEU NOME ESCRITO COM **QU**? DESENHE E ESCREVA EM UMA FOLHA À PARTE.

2 ESCREVA O NOME DO ANIMAL E DA COR QUE INDICA A QUALIDADE DELE.

....

3 QUAL PALAVRA SE INICIA COM A SÍLABA **NA** E INDICA UMA AÇÃO DOS PEIXES NO AQUÁRIO?

....

4 MARQUE AS PALAVRAS EM QUE O **X** TEM SOM DE **S**.

☐ EXPOSIÇÃO   ☐ TÁXI

☐ EXEMPLO   ☐ TEXTO

☐ XÍCARA   ☐ EXPLICAÇÃO

5 CONTORNE NO DIAGRAMA AS PALAVRAS COM **X**.

V	S	E	X	P	L	O	D	I	R	T	U	O	I
T	Z	X	I	L	I	X	O	I	C	R	D	E	X
E	X	P	L	O	R	A	R	E	B	N	I	H	T
I	G	L	E	X	E	R	C	Í	C	I	O	T	L
M	T	O	U	F	H	T	A	M	E	I	X	A	N
O	E	X	É	R	C	I	T	O	A	T	O	U	R

- AGORA, ESCREVA ABAIXO AS PALAVRAS QUE VOCÊ ENCONTROU.

A) AQUILO QUE SE JOGA FORA: ....

B) ESTOURAR: ....

C) CONJUNTO DE SOLDADOS: ....

D) FRUTO DA AMEIXEIRA: ....

E) ATIVIDADE FÍSICA OU TRABALHO ESCOLAR:
....

F) PESQUISAR, OBSERVAR: ....

SUGESTÕES PARA O ALUNO

📚 LIVROS

ALFABETO DOS PINGOS!, DE MARY E ELIARDO FRANÇA. SÃO PAULO: ÁTICA.

NESTE LIVRO, SETE PINGOS NASCIDOS DE UMA GOTA DE TINTA FAZEM UM PASSEIO PELO ALFABETO. ELES MOSTRAM COMO PODE SER DIVERTIDO APRENDER CADA LETRA.

UMA LETRA PUXA A OUTRA, DE JOSÉ PAULO PAES E KIKO FARKAS. SÃO PAULO: COMPANHIA DAS LETRINHAS.

IDEAL PARA QUEM ESTÁ CONHECENDO O ALFABETO, ESTA CARTILHA MODERNA TRAZ UMA QUADRINHA PARA CADA LETRA. **UMA LETRA PUXA A OUTRA** MOSTRA QUE APRENDER PODE SER MUITO DIVERTIDO.

📚 LIVROS

DE LETRA EM LETRA, DE BARTOLOMEU CAMPOS DE QUEIRÓS. SÃO PAULO: MODERNA.

O LIVRO CONVIDA O LEITOR A DESCOBRIR, NOS PRÓPRIOS ELEMENTOS DO MUNDO À SUA VOLTA, PALAVRAS QUE SÃO ESCRITAS COM A MESMA LETRA DE SEU NOME. USANDO HUMOR, RIMAS, FANTASIA E O INESPERADO, O AUTOR PROPÕE ÀS CRIANÇAS (E A SI PRÓPRIO) UMA "BRINCADEIRA DE POETA": ESCREVER PEQUENOS E DELICADOS TEXTOS COM PALAVRAS COMEÇADAS POR UMA CERTA LETRA.

O MENINO QUE DESCOBRIU AS PALAVRAS, DE CINEAS SANTOS E ARCHANJO. SÃO PAULO: ÁTICA.

DEPOIS DE APRENDER A FALAR, QUANDO ESTAMOS COMEÇANDO A ESCREVER, AINDA NÃO PRESTAMOS MUITA ATENÇÃO NAQUILO QUE DIZEMOS OU NO QUE DIZEM PARA NÓS.

ESTE LIVRO, EM FORMA DE POEMA, MOSTRA A IMPORTÂNCIA E A FORÇA DAS PALAVRAS.

🎬 VÍDEO

TODA COISA TEM UM NOME – COCORICÓ NA CIDADE. MÚSICA DE FERNANDO SALEM. 3m27s

DISPONÍVEL EM: <https://www.youtube.com/watch?v=wUT2_eiGQ-U>. ACESSO EM: 4 OUT. 2019.

DESCUBRA A IMPORTÂNCIA DOS NOMES COM A TURMA DO COCORICÓ.

LIVROS

ONDE VIVEM OS MONSTROS, DE MAURICE SENDAK. SÃO PAULO: COSAC & NAIFY.

VOCÊ TEM MEDO DE MONSTROS? JÁ PAROU PARA PENSAR QUE, ÀS VEZES, NÓS NOS COMPORTAMOS MONSTRUOSAMENTE? **ONDE VIVEM OS MONSTROS** CONTA A VIAGEM DO MENINO MAX, QUE, DEPOIS DE TER FEITO UMA GROSSERIA, É MANDADO PARA O QUARTO SEM JANTAR. PARA ONDE SERÁ QUE ELE VAI VIAJAR?

TURMA DA MÔNICA E O ABC, DE MAURICIO DE SOUSA E YARA MAURA SILVA. SÃO PAULO: MELHORAMENTOS.

NADA MELHOR DO QUE APRENDER COM OS AMIGOS... NA COMPANHIA DA TURMA DA MÔNICA, VOCÊ NÃO VAI MAIS TER DÚVIDAS SOBRE AS LETRAS DO ALFABETO E AINDA VAI SE DIVERTIR COM OS TEXTOS EM VERSOS.

LIVROS

A VELHINHA QUE DAVA NOME ÀS COISAS, DE CYNTHIA RYLANT. SÃO PAULO: BRINQUE-BOOK.

ERA UMA VEZ UMA VELHINHA QUE JÁ NÃO TINHA NENHUM AMIGO, POIS TODOS ELES HAVIAM MORRIDO. POR ISSO, ELA COMEÇOU A DAR NOME ÀS COISAS QUE DURARIAM MAIS QUE ELA: SUA CASA, SEU CARRO, SUA POLTRONA. ATÉ O DIA EM QUE UM CACHORRINHO APARECEU NO SEU PORTÃO...

MARCELO, MARMELO, MARTELO E OUTRAS HISTÓRIAS, DE RUTH ROCHA. SÃO PAULO: SALAMANDRA.

CONSIDERADO UMA OBRA-PRIMA DA LITERATURA INFANTOJUVENIL BRASILEIRA, ESTE LIVRO TRAZ TRÊS HISTÓRIAS: MARCELO É UM MENINO CURIOSO E ESPERTO QUE PROCURA ENTENDER OS SIGNIFICADOS DAS COISAS E POR QUE ELAS SÃO COMO SÃO. TERESINHA E GABRIELA DESCOBREM A IDENTIDADE NA DIFERENÇA E CARLOS ALBERTO COMPREENDE A IMPORTÂNCIA DA AMIZADE.

SITE

DETRAN NA ESCOLA – NÃO É BRINCADEIRA!

DISPONÍVEL EM: <http://www.educacao.pr.gov.br/modules/video/showVideo.php?video=15634>. ACESSO EM: 4 OUT. 2019.

O *SITE* APRESENTA UMA SÉRIE DE VÍDEOS EDUCATIVOS VOLTADOS PARA A MELHORIA DO TRÂNSITO.

BIBLIOGRAFIA

ADAMS, M. J. ET AL. *CONSCIÊNCIA FONOLÓGICA EM CRIANÇAS PEQUENAS*. PORTO ALEGRE: ARTMED, 2006.

ANTUNES, I. *GRAMÁTICA CONTEXTUALIZADA*: LIMPANDO "O PÓ DAS IDEIAS SIMPLES". SÃO PAULO: PARÁBOLA EDITORIAL, 2007.

_____. *MUITO ALÉM DA GRAMÁTICA*: POR UM ENSINO DE LÍNGUAS SEM PEDRAS NO CAMINHO. SÃO PAULO: PARÁBOLA EDITORIAL, 2007.

AZEREDO, J. C. DE. *GRAMÁTICA HOUAISS DA LÍNGUA PORTUGUESA*. SÃO PAULO: PUBLIFOLHA, 2014.

BAGNO, M. *GRAMÁTICA PEDAGÓGICA DO PORTUGUÊS BRASILEIRO*. SÃO PAULO: PARÁBOLA EDITORIAL, 2012.

BECHARA, E. *MODERNA GRAMÁTICA PORTUGUESA*. RIO DE JANEIRO: NOVA FRONTEIRA, 2019.

BELINTANE, C. *ORALIDADE E ALFABETIZAÇÃO*: UMA NOVA ABORDAGEM DA ALFABETIZAÇÃO E DO LETRAMENTO. SÃO PAULO: CORTEZ, 2013.

BORGES, D. S. C.; MARTURANO, E. M. *ALFABETIZAÇÃO EM VALORES HUMANOS*: UM MÉTODO PARA O ENSINO DE HABILIDADES SOCIAIS. SÃO PAULO: SUMMUS, 2012.

BRASIL. MINISTÉRIO DA EDUCAÇÃO. SECRETARIA DE EDUCAÇÃO FUNDAMENTAL. *BASE NACIONAL COMUM CURRICULAR (BNCC)*. BRASÍLIA, 2017.

CAGLIARI, L. C. *ALFABETIZAÇÃO & LINGUÍSTICA*. SÃO PAULO: SCIPIONE, 2009. (PENSAMENTO E AÇÃO NA SALA DE AULA).

CAMARA JÚNIOR, J. M. *DICIONÁRIO DE LINGUÍSTICA E GRAMÁTICA*: REFERENTE À LÍNGUA PORTUGUESA. PETRÓPOLIS: VOZES, 2009.

_____. *MANUAL DE EXPRESSÃO ORAL E ESCRITA*. PETRÓPOLIS: VOZES, 2012.

CEGALLA, D. P. *DICIONÁRIO DE DIFICULDADES DA LÍNGUA PORTUGUESA*. RIO DE JANEIRO: LEXIKON, 2009.

CUNHA, C.; CINTRA, L. F. L. *NOVA GRAMÁTICA DO PORTUGUÊS CONTEMPORÂNEO*. RIO DE JANEIRO: NOVA FRONTEIRA, 2013.

DEMO, P. *HABILIDADES E COMPETÊNCIAS*: NO SÉCULO XXI. PORTO ALEGRE: MEDIAÇÃO, 2010.

DUDENEY, G.; HOCKLY, N.; PEGRUM, M. *LETRAMENTOS DIGITAIS*. TRADUÇÃO: MARCOS MARCIOLINO. SÃO PAULO: PARÁBOLA EDITORIAL, 2016.

INSTITUTO ANTÔNIO HOUAISS; AZEREDO, J. C. (COORD.). *ESCREVENDO PELA NOVA ORTOGRAFIA*: COMO USAR AS REGRAS DO NOVO ACORDO ORTOGRÁFICO DA LÍNGUA PORTUGUESA. SÃO PAULO: PUBLIFOLHA, 2013.

LUFT, C. P. *NOVO GUIA ORTOGRÁFICO*. SÃO PAULO: GLOBO, 2013.

MICOTTI, M. C. DE O. (ORG.). *LEITURA E ESCRITA*: COMO APRENDER COM ÊXITO POR MEIO DA PEDAGOGIA DE PROJETOS. SÃO PAULO: CONTEXTO, 2009.

MORAIS, A. G. *ORTOGRAFIA*: ENSINAR E APRENDER. SÃO PAULO: ÁTICA, 2012.

_____. *SISTEMA DE ESCRITA ALFABÉTICA*. SÃO PAULO: MELHORAMENTOS, 2012. (COMO EU ENSINO).

NÓBREGA, M. J. *ORTOGRAFIA*. SÃO PAULO: MELHORAMENTOS, 2013. (COMO EU ENSINO).

PERINI, M. A. *PARA UMA NOVA GRAMÁTICA DO PORTUGUÊS*. SÃO PAULO: ÁTICA, 2007.

SAVIOLI, F. P.; FIORIN, J. L. *PARA ENTENDER O TEXTO*: LEITURA E REDAÇÃO. SÃO PAULO: ÁTICA, 2007.

TRAVAGLIA, L. C. *NA TRILHA DA GRAMÁTICA*: CONHECIMENTO LINGUÍSTICO NA ALFABETIZAÇÃO E LETRAMENTO. SÃO PAULO: CORTEZ, 2013.

ZABALA, A.; ARNAU, L. *COMO APRENDER E ENSINAR COMPETÊNCIAS*. PORTO ALEGRE: ARTMED, 2010.

MINIDICIONÁRIO

ALUNO: ....
ESCOLA: .... TURMA: ....

editora scipione

COMO USAR SEU MINIDICIONÁRIO

VEJA COMO ORGANIZAMOS ESTE **MINIDICIONÁRIO** PARA VOCÊ ENCONTRAR MAIS FACILMENTE A PALAVRA QUE PROCURA.

ORDEM ALFABÉTICA

TODAS AS PALAVRAS SÃO APRESENTADAS EM ORDEM ALFABÉTICA.

PALAVRAS-BASE

NO ALTO DE CADA PÁGINA, HÁ DUAS PALAVRAS: A QUE ESTÁ À ESQUERDA É A PRIMEIRA PALAVRA DAQUELA PÁGINA. A DA DIREITA É A ÚLTIMA.

VERBETES

SÃO AS PALAVRAS EXPLICADAS NESTE MINIDICIONÁRIO, ACOMPANHADAS DE ALGUMAS INFORMAÇÕES SOBRE ELAS: A DIVISÃO SILÁBICA, A CATEGORIA GRAMATICAL, SUA DEFINIÇÃO E, EM MUITOS CASOS, EXEMPLOS DE USO. AS PALAVRAS DE ORIGEM ESTRANGEIRA VÊM ACOMPANHADAS DE SUA PRONÚNCIA.

OS VERBETES ESTÃO EM ROXO PARA FACILITAR SUA LOCALIZAÇÃO.

DIVISÃO SILÁBICA

LOGO DEPOIS DE CADA PALAVRA, É APRESENTADA SUA DIVISÃO EM SÍLABAS ENTRE PARÊNTESES (COM EXCEÇÃO DAS PALAVRAS DE ORIGEM ESTRANGEIRA).

CATEGORIA GRAMATICAL

LOGO APÓS A DIVISÃO SILÁBICA É INFORMADO, EM ITÁLICO E ENTRE PARÊNTESES, SE A PALAVRA É UM SUBSTANTIVO, UM ADJETIVO OU UM VERBO.

DEFINIÇÃO

DEPOIS DA CATEGORIA GRAMATICAL, VOCÊ ENCONTRARÁ A DEFINIÇÃO DA PALAVRA, ISTO É, A EXPLICAÇÃO DO SEU SIGNIFICADO. ÀS VEZES, UMA PALAVRA TEM MAIS DE UM SIGNIFICADO. NESSE CASO, UM NÚMERO APARECE ANTES DE CADA SIGNIFICADO.

EXEMPLOS DE USO

EM ALGUNS CASOS, APÓS A DEFINIÇÃO, VOCÊ VAI ENCONTRAR UMA FRASE EM ITÁLICO QUE MOSTRA UM EXEMPLO DE USO DAQUELA PALAVRA, DESTACADA EM **NEGRITO**. QUANDO A PALAVRA TEM MAIS DE UM SIGNIFICADO, PODE HAVER MAIS DE UM EXEMPLO DE USO.

ILUSTRAÇÕES

AS ILUSTRAÇÕES COLORIDAS DO MINIDICIONÁRIO AJUDARÃO VOCÊ A COMPREENDER O SIGNIFICADO DE ALGUMAS PALAVRAS.

ABAFADO (A-BA-FA-DO) *(ADJETIVO)*
ABAFADO QUER DIZER SUFOCANTE, COMO UM LUGAR COM POUCA VENTILAÇÃO.
*A SALA DE AULA ESTAVA **ABAFADA**.*

ABAJUR (A-BA-JUR) *(SUBSTANTIVO)*
O ABAJUR É UM OBJETO COM LÂMPADA, EM GERAL COBERTO POR UMA ESPÉCIE DE CÚPULA, PARA ILUMINAR UM LOCAL.

ACROBATA (A-CRO-BA-TA) *(SUBSTANTIVO)*
1. ACROBATA É A PESSOA QUE FAZ MOVIMENTOS MUITO HABILIDOSOS COM O CORPO. POR EXEMPLO, GINASTA, EQUILIBRISTA, MALABARISTA.
2. TAMBÉM QUER DIZER ALGUÉM QUE FAZ BEM VÁRIAS COISAS AO MESMO TEMPO.

AGENDA (A-GEN-DA) *(SUBSTANTIVO)*
1. A AGENDA É UMA CADERNETA OU UM CADERNO PRÓPRIO PARA ANOTAR AS ATIVIDADES DE CADA DIA DO ANO.
2. TAMBÉM PODE SIGNIFICAR OS COMPROMISSOS QUE ALGUÉM ASSUME DIARIAMENTE.

*ELA NÃO TIRA FÉRIAS PORQUE TEM A **AGENDA** LOTADA.*

ÁGUA (Á-GUA) *(SUBSTANTIVO)*
1. A ÁGUA É UM LÍQUIDO NECESSÁRIO PARA VIVER. NÃO TEM COR, CHEIRO NEM SABOR.
2. TAMBÉM É A PARTE LÍQUIDA DA SUPERFÍCIE TERRESTRE.

AUDITÓRIO (AU-DI-TÓ-RIO) *(SUBSTANTIVO)*
O AUDITÓRIO É UMA SALA GRANDE OU UM LUGAR PRÓPRIO PARA A REALIZAÇÃO DE ESPETÁCULOS, CONGRESSOS OU OUTROS EVENTOS.

AUTOMÓVEL (AU-TO-MÓ-VEL) *(SUBSTANTIVO)*
AUTOMÓVEL É QUALQUER VEÍCULO, MOVIDO A MOTOR, PARA CARREGAR PASSAGEIROS OU CARGA.

BAIÃO • BRIGADEIRO

🔸 **BAIÃO** (BAI-ÃO) *(SUBSTANTIVO)*
O BAIÃO É UM TIPO DE DANÇA E CANTO POPULAR, ACOMPANHADO DE VÁRIOS INSTRUMENTOS, COMO VIOLA, ACORDEÃO, ZABUMBA E OUTROS. É DE ORIGEM NORDESTINA.

🔸 **BEBEDOURO** (BE-BE-DOU-RO) *(SUBSTANTIVO)*
BEBEDOURO É UM APARELHO COMPOSTO DE UMA OU MAIS TORNEIRAS, FEITO PARA SERVIR ÁGUA. NÃO É PRECISO USAR COPOS, É SÓ APROXIMAR A BOCA DO JATO D'ÁGUA. TAMBÉM PODE SER CHAMADO DE BEBEDOR.

🔸 **BELEZA** (BE-LE-ZA) *(SUBSTANTIVO)*
BELEZA É A QUALIDADE DO QUE É BELO OU AGRADÁVEL.

🔸 **BIBLIOTECA** (BI-BLI-O-TE-CA) *(SUBSTANTIVO)*
1. BIBLIOTECA É UMA COLEÇÃO DE LIVROS.
2. TAMBÉM SIGNIFICA O LUGAR ONDE HÁ COLEÇÕES DE LIVROS ORGANIZADAS PARA CONSULTA.

NAQUELA **BIBLIOTECA** PODEMOS EMPRESTAR LIVROS.

🔸 **BOLICHE** (BO-LI-CHE) *(SUBSTANTIVO)*
BOLICHE É UM JOGO EM QUE O PARTICIPANTE TEM COMO OBJETIVO DERRUBAR DEZ PINOS COM UMA BOLA. OS PINOS FICAM DISPOSTOS NO FINAL DE UMA PISTA.

🔸 **BRIGADEIRO** (BRI-GA-DEI-RO) *(SUBSTANTIVO)*
1. BRIGADEIRO É A DENOMINAÇÃO MILITAR DADA AO OFICIAL COMANDANTE DE UMA UNIDADE DA AERONÁUTICA.
2. TAMBÉM É O DOCE FEITO COM LEITE CONDENSADO COZIDO E CHOCOLATE, NA FORMA DE BOLINHAS COBERTAS DE CHOCOLATE GRANULADO.

Ilustrações: Ilustra Cartoon/Arquivo da editora

CALENDÁRIO • COLABORADOR

CALENDÁRIO (CA-LEN-DÁ-RIO)
(SUBSTANTIVO)

É UMA RELAÇÃO DOS DIAS, DAS SEMANAS E DOS MESES DO ANO. EM GERAL, HÁ INDICAÇÃO DOS DIAS DE FESTA E DOS FERIADOS. EM ALGUNS, VÊM ANOTADAS AS FASES DA LUA.

CAVAR (CA-VAR) *(VERBO)*

CAVAR É FURAR A TERRA OU ABRIR UM BURACO NELA. O MESMO QUE ESCAVAR.

CEGONHA (CE-GO-NHA)
(SUBSTANTIVO)

É UMA AVE GRANDE DE BICO LONGO, PERNAS COMPRIDAS E PENAS BRANCAS.

CENA (CE-NA) *(SUBSTANTIVO)*

QUER DIZER CADA PARTE DE UMA TELENOVELA, DE UMA PEÇA DE TEATRO, DE UM FILME.

CHAMADA (CHA-MA-DA)
(SUBSTANTIVO)

É O ATO DE CHAMAR AS PESSOAS PELO NOME PARA CONFERIR QUEM ESTÁ PRESENTE EM AULA, PALESTRA, EVENTO, ETC.

CINEMA (CI-NE-MA) *(SUBSTANTIVO)*

CINEMA É O LOCAL ONDE OS FILMES SÃO APRESENTADOS.

CIRCO (CIR-CO) *(SUBSTANTIVO)*

CIRCO É UM LOCAL COBERTO, EM FORMA DE CÍRCULO, ONDE SÃO REALIZADOS ESPETÁCULOS PARA DIVERSÃO DO PÚBLICO.

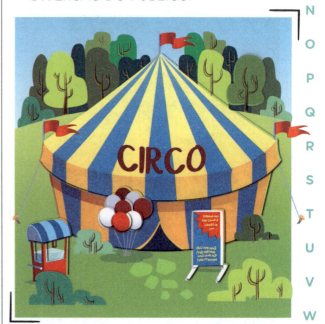

COLABORADOR (CO-LA-BO-RA-DOR)
(SUBSTANTIVO)

É A PESSOA QUE AJUDA OU COLABORA EM ALGUMA COISA.

DANÇA • DOMINÓ

- **DANÇA** (DAN-ÇA) *(SUBSTANTIVO)*
  DANÇA É UM CONJUNTO DE MOVIMENTOS QUE ALGUÉM FAZ COM PASSOS E GESTOS, AO SOM DE UMA MÚSICA.

- **DEBATE** (DE-BA-TE) *(SUBSTANTIVO)*
  É A TROCA DE IDEIAS SOBRE UM ASSUNTO. O DEBATE PODE SER FEITO POR DUAS OU MAIS PESSOAS.

  *ELES FIZERAM UM **DEBATE** SOBRE SAÚDE.*

- **DECLAMAR** (DE-CLA-MAR) *(VERBO)*
  DECLAMAR É LER UM POEMA EM VOZ ALTA.

- **DENTISTA** (DEN-TIS-TA) *(SUBSTANTIVO)*
  É O PROFISSIONAL QUE CUIDA DA SAÚDE DOS DENTES E DA BOCA DAS PESSOAS.

- **DINOSSAURO** (DI-NOS-SAU-RO) *(SUBSTANTIVO)*
  DINOSSAURO É UM ANIMAL QUE VIVEU NA TERRA MILHÕES DE ANOS ANTES DE O SER HUMANO APARECER.

- **DOCUMENTO** (DO-CU-MEN-TO) *(SUBSTANTIVO)*
  DOCUMENTO É O QUE PODE PROVAR UM FATO OU ACONTECIMENTO, COMO CARTA, TEXTO, OBJETO.

- **DOMINÓ** (DO-MI-NÓ) *(SUBSTANTIVO)*
  É UM JOGO DE 28 PEÇAS RETANGULARES. CADA UMA DELAS TEM QUANTIDADES DE UM A SEIS, REPRESENTADAS POR BOLINHAS. UMA A UMA, AS PESSOAS COLOCAM AS PEÇAS SOBRE A MESA, TENTANDO COMBINAR AS QUE TÊM NÚMERO IGUAL. O VENCEDOR É O PRIMEIRO QUE FICAR SEM NENHUMA PEÇA.

ECOLOGIA • EXTINÇÃO

🍃 **ECOLOGIA** (E-CO-LO-GI-A) *(SUBSTANTIVO)*

É A CIÊNCIA QUE ESTUDA AS RELAÇÕES DOS SERES VIVOS COM SEU AMBIENTE NATURAL.

🍃 **ELEITOR** (E-LEI-TOR) *(SUBSTANTIVO)*

É AQUELE QUE TEM DIREITO DE ESCOLHER, POR MEIO DE VOTO, QUEM DESEJA QUE TRABALHE EM UMA FUNÇÃO.

🍃 **ELOGIAR** (E-LO-GI-AR) *(VERBO)*

ELOGIAR É FALAR BEM DE ALGUÉM OU DE SUAS QUALIDADES.

🍃 **ENCANTAMENTO** (EN-CAN-TA-MEN-TO) *(SUBSTANTIVO)*

ENCANTAMENTO É A AÇÃO OU A CONSCIÊNCIA DE ENCANTAR.

🍃 **ESCAROLA** (ES-CA-RO-LA) *(SUBSTANTIVO)*

ESCAROLA É UMA VERDURA RICA EM VITAMINAS.

SUAS FOLHAS SÃO COMPRIDAS E SEU SABOR É AMARGO.

🍃 **ESTUDAR** (ES-TU-DAR) *(VERBO)*

ESTUDAR É DEDICAR-SE A APRENDER ALGUMA COISA.

🍃 **EXPLICAR** (EX-PLI-CAR) *(VERBO)*

1. EXPLICAR É FAZER AS PESSOAS ENTENDEREM UM ASSUNTO. É O MESMO QUE ENSINAR.

   *JULIANA **EXPLICA** ÀS CRIANÇAS COMO CUIDAR DOS DENTES.*

2. TAMBÉM PODE SER CONTAR POR QUE SE AGIU DE CERTO MODO. EM GERAL, ESPERANDO SER DESCULPADO.

   *TIAGO **EXPLICOU** O MOTIVO DE SUA FALTA.*

🍃 **EXTINÇÃO** (EX-TIN-ÇÃO) *(SUBSTANTIVO)*

EXTINÇÃO É O ATO DE DEIXAR DE EXISTIR, ACABAR. É O MESMO QUE DESAPARECIMENTO.

*A **EXTINÇÃO** DE ANIMAIS É UM DESASTRE ECOLÓGICO.*

FALAR • FLORICULTURA

FALAR (FA-LAR) *(VERBO)*

FALAR SIGNIFICA EXPOR POR MEIO DE PALAVRAS O QUE SE PENSA.

É O MESMO QUE DIZER.

FAMINTO (FA-MIN-TO) *(ADJETIVO)*

FAMINTO É AQUELE QUE ESTÁ COM MUITA FOME. É O MESMO QUE ESFOMEADO.

FANTASIA (FAN-TA-SI-A) *(SUBSTANTIVO)*

1. FANTASIA É ALGO QUE SE IMAGINA, QUE NÃO É DE VERDADE.
2. TAMBÉM PODE SER O NOME DA ROUPA ENFEITADA QUE SE USA EM FESTAS OU NO CARNAVAL.

FEIRA (FEI-RA) *(SUBSTANTIVO)*

1. A FEIRA É UM LUGAR ONDE HÁ GRANDE NÚMERO DE BARRACAS MONTADAS PARA VENDER VERDURAS, FRUTAS, ARTESANATO E DIVERSOS PRODUTOS.
2. TAMBÉM É COMO SÃO CHAMADAS AS COMPRAS FEITAS NA FEIRA.

*TATIANA FEZ A **FEIRA** HOJE.*

FELICIDADE (FE-LI-CI-DA-DE) *(SUBSTANTIVO)*

FELICIDADE É A CONDIÇÃO DE QUEM É OU ESTÁ FELIZ.

FLORESTA (FLO-RES-TA) *(SUBSTANTIVO)*

FLORESTA É UMA PORÇÃO DE TERRA ONDE EXISTEM DIVERSOS TIPOS DE ÁRVORES GRANDES. É O MESMO QUE SELVA.

FLORICULTURA (FLO-RI-CUL-TU-RA) *(SUBSTANTIVO)*

FLORICULTURA É A LOJA ONDE SÃO VENDIDAS FLORES E ALGUMAS PLANTAS.

*MARCOS COMPROU ROSAS NA **FLORICULTURA**.*

Ilustrações: Ilustra Cartoon/Arquivo da editora

GALO • GULOSEIMA

- **GALO** (GA-LO) *(SUBSTANTIVO)*
  1. O GALO É UMA AVE QUE TEM ASAS LARGAS, CRISTA CARNUDA, RABO COM LONGAS PENAS COLORIDAS E ESPORÕES.
  2. TAMBÉM QUER DIZER INCHAÇO PROVOCADO POR BATIDA NA TESTA OU NA CABEÇA.

- **GANGORRA** (GAN-GOR-RA) *(SUBSTANTIVO)*
  A GANGORRA É UM BRINQUEDO COMPOSTO DE UMA TÁBUA COMPRIDA QUE, PRESA A UM CENTRO, BALANÇA NAS DUAS PONTAS.

- **GENTIL** (GEN-TIL) *(ADJETIVO)*
  GENTIL É ALGUÉM ATENCIOSO, BONDOSO COM AS PESSOAS.

- **GESTO** (GES-TO) *(SUBSTANTIVO)*
  1. É O MOVIMENTO QUE SE FAZ COM PARTE DO CORPO, ESPECIALMENTE BRAÇOS, MÃOS E CABEÇA, PARA EXPRESSAR SENTIMENTOS OU IDEIAS.
  2. TAMBÉM PODE SER ACENO, SINAL.

- **GIBI** (GI-BI) *(SUBSTANTIVO)*
  GIBI É UMA REVISTA DE HISTÓRIAS EM QUADRINHOS PARA CRIANÇAS E JOVENS.

- **GUIA** (GUI-A) *(SUBSTANTIVO)*
  1. GUIA É UMA PUBLICAÇÃO, REVISTA OU LIVRO, COM INFORMAÇÕES SOBRE UMA CIDADE OU REGIÃO.

     *VI UM **GUIA** MUITO BONITO DA CIDADE DE SALVADOR.*
  2. TAMBÉM PODE SER O PROFISSIONAL QUE ACOMPANHA AS PESSOAS MOSTRANDO LUGARES ESPECIAIS.

     *O **GUIA** LEVOU O GRUPO A UM MUSEU.*

- **GULOSEIMA** (GU-LO-SEI-MA) *(SUBSTANTIVO)*
  GULOSEIMA É QUALQUER TIPO DE DOCE OU PRATO SABOROSO.

  *A GELATINA É UMA **GULOSEIMA** DELICIOSA.*

HARMONIA • HUSKY

HARMONIA (HAR-MO-NI-A) *(SUBSTANTIVO)*

1. ESTAR EM HARMONIA É ESTAR BEM, EM PAZ, SEM CONFLITOS.

   *HOJE ACORDEI EM **HARMONIA**.*

2. PODE SER AINDA O NOME DADO À COMBINAÇÃO DE SONS QUE SOAM AO MESMO TEMPO.

   *A ORQUESTRA TOCOU EM PERFEITA **HARMONIA**.*

HERBÍVORO (HER-BÍ-VO-RO) *(ADJETIVO)*

HERBÍVORO É O NOME DADO AOS ANIMAIS QUE SE ALIMENTAM DE PLANTAS.

*A GIRAFA É UM ANIMAL **HERBÍVORO**.*

HERÓI (HE-RÓI) *(SUBSTANTIVO)*

1. HERÓI É UMA PESSOA RECONHECIDA POR SUA BRAVURA E CORAGEM DIANTE DOS PERIGOS.

   *O SALVA-VIDAS SE ATIROU NO MAR E SALVOU A MENINA. ELE FOI UM **HERÓI**.*

2. TAMBÉM É O NOME DADO PARA O PERSONAGEM PRINCIPAL DE UM FILME, DE UMA HISTÓRIA EM QUADRINHOS OU DE UMA PEÇA DE TEATRO.

   *O HOMEM-ARANHA É O MEU **HERÓI** PREFERIDO.*

HIGIENE (HI-GI-E-NE) *(SUBSTANTIVO)*

HIGIENE É O CONJUNTO DE CUIDADOS QUE SE DEVE TER COM O CORPO E COM O MEIO AMBIENTE. ESSES CUIDADOS LEVAM AO BEM-ESTAR E À PRESERVAÇÃO DA SAÚDE. É O MESMO QUE ASSEIO; LIMPEZA.

*A **HIGIENE** É IMPORTANTE PARA EVITAR DOENÇAS.*

HIPOPÓTAMO (HI-PO-PÓ-TA-MO) *(SUBSTANTIVO)*

HIPOPÓTAMO É UM ANIMAL MAMÍFERO MUITO GRANDE, QUE TEM A PELE GROSSA. ELE É UM HERBÍVORO.

*OS **HIPOPÓTAMOS** VIVEM NAS MARGENS DOS RIOS AFRICANOS.*

HOT DOG (RÓT DOG) *(SUBSTANTIVO)*

PALAVRA DA LÍNGUA INGLESA. *HOT DOG* É UM SANDUÍCHE DE PÃO COM SALSICHA. TAMBÉM É CONHECIDO POR CACHORRO-QUENTE.

Ilustrações: Ilustra Cartoon/Arquivo da editora

HUSKY (RÂSQUI) *(SUBSTANTIVO)*

PALAVRA DA LÍNGUA INGLESA. *HUSKY* É O NOME DE UMA RAÇA DE CÃES ORIGINÁRIA DA SIBÉRIA E POPULAR NA AMÉRICA DO NORTE.

IDADE (I-DA-DE) *(SUBSTANTIVO)*

IDADE É O NÚMERO DE ANOS DE VIDA DE UM SER HUMANO, DE UM ANIMAL OU DE QUALQUER OUTRA COISA.

*PRECISAMOS VERIFICAR A **IDADE** DESTE MAMÍFERO.*

IMAGINAR (I-MA-GI-NAR) *(VERBO)*

1. IMAGINAR QUER DIZER INVENTAR OU CRIAR IMAGENS APENAS NO PENSAMENTO.

   *ELA **IMAGINOU** UMA LINDA HISTÓRIA PARA ESCREVER NA AULA DE PORTUGUÊS.*

2. TAMBÉM SIGNIFICA FAZER IDEIA DE ALGUMA COISA, REPRESENTAR NA IMAGINAÇÃO.

   *POSSO **IMAGINAR** DIREITINHO COMO DEVE ESTAR GOSTOSO AQUELE BOLO.*

IMPACIENTE (IM-PA-CI-EN-TE) *(ADJETIVO)*

SER IMPACIENTE É NÃO TER PACIÊNCIA, É SER INQUIETO, IRRITADO. É O MESMO QUE APRESSADO, AGITADO.

*CARLOS FOI **IMPACIENTE** E NÃO TERMINOU A PROVA.*

INSTRUMENTO (INS-TRU-MEN-TO) *(SUBSTANTIVO)*

1. INSTRUMENTO É UM OBJETO FEITO PARA USO DE UM PROFISSIONAL.

   *O BISTURI FOI UM DOS **INSTRUMENTOS** UTILIZADOS PELO MÉDICO DURANTE A CIRURGIA.*

2. TAMBÉM É O NOME DOS OBJETOS UTILIZADOS PARA TOCAR MÚSICA.

   *O PANDEIRO E O VIOLÃO SÃO **INSTRUMENTOS** MUSICAIS.*

INVENÇÃO (IN-VEN-ÇÃO) *(SUBSTANTIVO)*

1. INVENÇÃO É ALGO NOVO, CRIADO PELA PRIMEIRA VEZ.

   *O AVIÃO FOI UMA DAS GRANDES **INVENÇÕES** DA HUMANIDADE.*

2. TAMBÉM PODE SER O NOME DADO AO QUE NÃO PERTENCE À REALIDADE, AO QUE É FANTASIA.

   *ALGUMAS PESSOAS ACREDITAM QUE DISCO VOADOR É PURA **INVENÇÃO**.*

IOIÔ (IO-IÔ) *(SUBSTANTIVO)*

IOIÔ É UM BRINQUEDO QUE CONSISTE EM DOIS PEQUENOS DISCOS UNIDOS PELO CENTRO, NO QUAL SE PRENDE E ENROLA UM CORDÃO. AO SER PUXADO, O CORDÃO FAZ SUBIR E DESCER O BRINQUEDO.

JALECO • JUAZEIRO

JALECO (JA-LE-CO) *(SUBSTANTIVO)*

JALECO É UM CASACO DE TECIDO LEVE, USADO POR MÉDICOS, DENTISTAS, ENFERMEIRAS ETC., PARA A PROTEÇÃO DA ROUPA DURANTE O TRABALHO.

*A ENFERMEIRA COLOCOU SEU **JALECO** ANTES DE ENTRAR NO HOSPITAL.*

JANGADA (JAN-GA-DA) *(SUBSTANTIVO)*

JANGADA É UMA EMBARCAÇÃO FEITA DE TRONCOS DE MADEIRA MUITO LEVES, AMARRADOS ENTRE SI. É CONSTRUÍDA NORMALMENTE COM CINCO TRONCOS E TEM UM MASTRO NO QUAL SE ERGUE UMA VELA TRIANGULAR.

JAVALI (JA-VA-LI) *(SUBSTANTIVO)*

O JAVALI É UM MAMÍFERO SEMELHANTE AO PORCO SELVAGEM, DE CABEÇA GRANDE, FOCINHO ALONGADO E DENTES SALIENTES.

JOÃO-DE-BARRO (JO-ÃO-DE-BAR-RO) *(SUBSTANTIVO)*

JOÃO-DE-BARRO É O NOME DADO A ALGUNS TIPOS DE PÁSSAROS BRASILEIROS QUE CONSTROEM SEUS NINHOS DE BARRO EM FORMA DE FORNO.

*O **JOÃO-DE-BARRO** CONSTRÓI SUA CASA COM BARRO ÚMIDO QUE ELE PRÓPRIO AMASSA.*

JOGO (JO-GO) *(SUBSTANTIVO)*

1. JOGO É UM PASSATEMPO, UMA BRINCADEIRA, UMA DIVERSÃO.

   *FIQUEI ACORDADO ATÉ TARDE PARA MONTAR O **JOGO** DE QUEBRA-CABEÇA.*

2. TAMBÉM PODE SER UMA PARTIDA ENTRE DUAS OU MAIS EQUIPES OU PESSOAS.

   *A FINAL DO **JOGO** DE FUTEBOL FOI ADIADA.*

JUAZEIRO (JU-A-ZEI-RO) *(SUBSTANTIVO)*

JUAZEIRO É UMA ÁRVORE COMUM NO SERTÃO BRASILEIRO E QUE DÁ UM FRUTO CONHECIDO COMO JUÁ.

*O BOI COMEU AS FOLHAS DO **JUAZEIRO**.*

KARAOKÊ (SUBSTANTIVO)

KARAOKÊ É O LOCAL ONDE OS CLIENTES PODEM CANTAR AO MICROFONE, ACOMPANHADOS POR MÚSICOS AO VIVO OU POR FUNDO MUSICAL JÁ GRAVADO.

NO MEU ANIVERSÁRIO, EU E MEUS AMIGOS FOMOS A UM **KARAOKÊ**.

KETCHUP (SUBSTANTIVO)

KETCHUP É UM MOLHO DE TOMATE TEMPERADO COM VINAGRE E OUTROS INGREDIENTES, QUE TEM SABOR LEVEMENTE ADOCICADO.

KIT (SUBSTANTIVO)

KIT É UMA CAIXA OU UM ESTOJO COM UM CONJUNTO DE PEÇAS OU UTENSÍLIOS.

KIWI (SUBSTANTIVO)

KIWI É UMA PLANTA COM FOLHAS GROSSAS E QUE PRODUZ FRUTOS COMESTÍVEIS, DE CASCA MARROM E POLPA VERDE-AMARELADA. TAMBÉM É O NOME DADO AO FRUTO DESSA PLANTA.

KUNG FU (SUBSTANTIVO)

KUNG FU É UMA ARTE MARCIAL CRIADA NA CHINA E BASEADA EM EXERCÍCIOS DE CONCENTRAÇÃO. É USADA TAMBÉM NA DEFESA PESSOAL.

LABIRINTO • LUVA

- **LABIRINTO** (LA-BI-RIN-TO) *(SUBSTANTIVO)*

  1. LABIRINTO É UM LUGAR COM MUITOS CAMINHOS CRUZADOS E DIVISÕES QUE DIFICULTAM A SAÍDA.

     *PARA VENCER O JOGO, O HERÓI PRECISAVA CONSEGUIR SAIR DO **LABIRINTO**.*

  2. TAMBÉM É O NOME DADO A UM BORDADO NORDESTINO FEITO SOBRE UM PANO QUE SE DESFIA PARA FORMAR UM TIPO DE REDE.

- **LÁPIS** (LÁ-PIS) *(SUBSTANTIVO)*

  LÁPIS É UMA BARRINHA DE MADEIRA FINA COM GRAFITE PRETA OU COLORIDA DENTRO.

  *PRECISAMOS APONTAR O **LÁPIS** ANTES DE DESENHAR OU ESCREVER.*

- **LEGENDA** (LE-GEN-DA) *(SUBSTANTIVO)*

  LEGENDA É UMA FRASE EXPLICATIVA QUE ACOMPANHA UMA ILUSTRAÇÃO.

  *EM GERAL, OS MAPAS TÊM **LEGENDAS**.*

- **LHAMA** (LHA-MA) *(SUBSTANTIVO)*

  É UM MAMÍFERO HERBÍVORO QUE TEM LONGOS PELOS.

  *A **LHAMA** É UTILIZADA COMO ANIMAL DE CARGA.*

- **LINCE** (LIN-CE) *(SUBSTANTIVO)*

  É UM MAMÍFERO COM CAUDA CURTA E BOA VISÃO, PARECIDO COM O GATO.

  *O **LINCE** TEM COR DE FERRUGEM E TUFOS DE PELO NAS ORELHAS E NA CAUDA.*

Ilustrações: Ilustra Cartoon/Arquivo da editora

- **LUVA** (LU-VA) *(SUBSTANTIVO)*

  É UMA PEÇA DO VESTUÁRIO, FEITA DE TECIDO, LÃ OU COURO, COM QUE SE COBRE A MÃO.

  *COMPRAMOS **LUVAS** DE COURO PARA USAR NO INVERNO.*

MAMÍFERO • MUSEU

MAMÍFERO (MA-MÍ-FE-RO) *(ADJETIVO)*
MAMÍFERO É O ANIMAL QUE TEM MAMAS E QUE DÁ DE MAMAR AOS SEUS FILHOTES.
*A BALEIA É UM ANIMAL **MAMÍFERO**.*

MANDÃO (MAN-DÃO) *(SUBSTANTIVO)*
MANDÃO É A PESSOA QUE GOSTA DE MANDAR.
*MEU IRMÃO É MUITO **MANDÃO**.*

MARESIA (MA-RE-SI-A) *(SUBSTANTIVO)*
MARESIA É O CHEIRO QUE VEM DO MAR.
*TODO FIM DE TARDE FICAMOS CURTINDO A **MARESIA**.*

MARSHMALLOW (MARXIMÉLOU) *(SUBSTANTIVO)*
PALAVRA DE LÍNGUA INGLESA. DOCE FEITO COM XAROPE DE MILHO, CLARA DE OVO, GELATINA E AÇÚCAR.

*NOSSO SORVETE ESTAVA CHEIO DE **MARSHMALLOW**.*

MEMÓRIA (ME-MÓ-RIA) *(SUBSTANTIVO)*
1. É A CAPACIDADE DO SER HUMANO DE RECORDAR AS COISAS VIVIDAS.
   *GUARDO NA **MEMÓRIA** DETALHES DA MINHA FESTA DE ANIVERSÁRIO.*
2. TAMBÉM PODE SER O NOME DO LOCAL EM QUE O COMPUTADOR GUARDA AS INFORMAÇÕES.

MUSEU (MU-SEU) *(SUBSTANTIVO)*
MUSEU É O LUGAR ONDE SE EXPÕEM OBJETOS DE ARTE, ATUAIS OU ANTIGOS, COMO QUADROS, ESCULTURAS, ROUPAS, ETC.
*VISITEI O **MUSEU** DOS IMIGRANTES.*

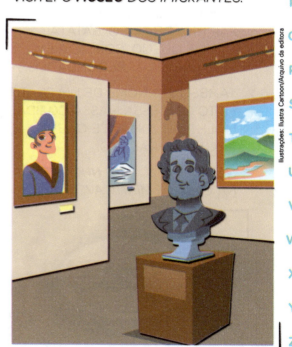

MINIDICIONÁRIO 15

NAVE • NUTRIDO

NAVE (NA-VE) *(SUBSTANTIVO)*

NAVE É UM VEÍCULO OU UMA EMBARCAÇÃO UTILIZADA PARA FAZER VIAGENS PELO ESPAÇO.

*OS ASTRONAUTAS PASSARAM MUITOS DIAS NO ESPAÇO, A BORDO DE UMA **NAVE**.*

NHOQUE (NHO-QUE) *(SUBSTANTIVO)*

1. É O NOME DE UMA MASSA DE ORIGEM ITALIANA, FEITA DE FARINHA DE TRIGO, BATATA, OVOS E QUEIJO, CORTADA EM PEDACINHOS ARREDONDADOS.

2. TAMBÉM É O NOME DE UM PRATO FEITO COM ESSA MASSA COZIDA, MOLHO DE TOMATE E QUEIJO PARMESÃO RALADO.

*NO DOMINGO, COMI **NHOQUE** NA CASA DE MINHA AVÓ.*

NINHO (NI-NHO) *(SUBSTANTIVO)*

1. NINHO É O NOME DA CASA CONSTRUÍDA PELOS PASSARINHOS PARA BOTAR OVOS E CUIDAR DOS FILHOTES.

*NÃO PODEMOS TIRAR OS FILHOTES DE CORUJA DO **NINHO**.*

2. TAMBÉM É UMA CASA CONSTRUÍDA POR OUTROS ANIMAIS PARA PROTEGER SEUS FILHOTES.

*NO SÓTÃO, HAVIA MUITOS **NINHOS** CONSTRUÍDOS PELOS RATOS.*

NOTEBOOK (NOUTEBÚQUI) *(SUBSTANTIVO)*

PALAVRA DE LÍNGUA INGLESA. QUER DIZER COMPUTADOR PEQUENO QUE PODE SER LEVADO PARA VÁRIOS LUGARES.

O MESMO QUE *LAPTOP*.

NUTRIDO (NU-TRI-DO) *(ADJETIVO)*

NUTRIDO QUER DIZER ALIMENTADO.

*O BEBÊ PRECISA MAMAR VÁRIAS VEZES AO DIA PARA FICAR BEM **NUTRIDO**.*

🟢 **OBSERVAR** (OB-SER-VAR) *(VERBO)*

1. OBSERVAR QUER DIZER EXAMINAR CUIDADOSAMENTE; OLHAR COM ATENÇÃO.

   ***OBSERVEI** TODOS OS MOVIMENTOS DA BAILARINA DURANTE O ESPETÁCULO.*

2. TAMBÉM SIGNIFICA ESTUDAR ALGUMA COISA.

   ***OBSERVEI** OS DIFERENTES TIPOS DE FOLHAS NA AULA DE CIÊNCIAS.*

🟢 **OCA** (O-CA) *(SUBSTANTIVO)*

OCA É O NOME DA MORADIA DOS INDÍGENAS, CONSTRUÍDA DE MADEIRA OU BARRO E COBERTA COM FIBRAS VEGETAIS.

*NAS ALDEIAS EXISTEM MUITAS **OCAS**.*

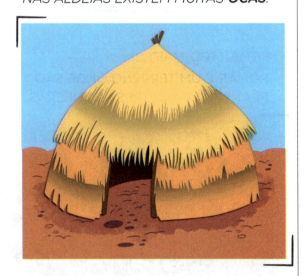

🟢 **OLFATO** (OL-FA-TO) *(SUBSTANTIVO)*

O OLFATO É UM DOS CINCO SENTIDOS DO NOSSO CORPO. É POR MEIO DELE QUE PODEMOS SENTIR O CHEIRO. O NARIZ É O ÓRGÃO DO OLFATO.

🟢 **OLHAR** (O-LHAR) *(VERBO)*

1. OLHAR É DIRIGIR OS OLHOS PARA UMA PESSOA OU COISA.

   *FIQUEI **OLHANDO** DE LONGE O ÔNIBUS PARTIR DA RODOVIÁRIA.*

2. TAMBÉM SIGNIFICA TOMAR CONTA DE ALGO OU ALGUÉM.

   ***OLHEI** MEU SOBRINHO DURANTE TODA A TARDE.*

🟢 **ONDA** (ON-DA) *(SUBSTANTIVO)*

ONDA É UMA GRANDE QUANTIDADE DE ÁGUA DO MAR MOVIMENTADA PELO VENTO, PELAS MARÉS.

*NO VERÃO, OS SURFISTAS ADORAM PEGAR **ONDA**.*

Ilustrações: Ilustra Cartoon/Arquivo da editora

🟢 **OPINIÃO** (O-PI-NI-ÃO) *(SUBSTANTIVO)*

OPINIÃO QUER DIZER MODO DE VER, DE PENSAR.

*O FILHO PEDIU A **OPINIÃO** DA MÃE SOBRE A ROUPA QUE ELE IRIA VESTIR.*

PACÍFICO • POMAR

PACÍFICO (PA-CÍ-FI-CO) *(ADJETIVO)*
PACÍFICO É O QUE TEM CALMA, QUE GOSTA DE PAZ.
*MEU PAI É UM HOMEM **PACÍFICO**.*

PÁLPEBRA (PÁL-PE-BRA) *(SUBSTANTIVO)*
É A PELE QUE COBRE E PROTEGE OS OLHOS.
*NOSSAS **PÁLPEBRAS** VÃO SE FECHANDO QUANDO ESTAMOS COM SONO.*

PAMONHA (PA-MO-NHA) *(SUBSTANTIVO)*
É UMA MASSA DE MILHO VERDE RALADO, AÇÚCAR E LEITE COZIDA E EMBRULHADA NA PALHA DO PRÓPRIO MILHO. A PAMONHA PODE SER DOCE OU SALGADA.
*COMEMOS UMA **PAMONHA** DELICIOSA NA FESTA JUNINA DA ESCOLA.*

PAZ (PAZ) *(SUBSTANTIVO)*
PAZ QUER DIZER AUSÊNCIA DE BRIGAS, GUERRAS E CONFLITOS. É O MESMO QUE TRANQUILIDADE, SOSSEGO E CALMA.
*NÃO QUEREMOS MAIS GUERRAS, QUEREMOS **PAZ**.*

PENCA (PEN-CA) *(SUBSTANTIVO)*
1. PENCA É UM CONJUNTO DE BANANAS, UNIDAS POR UMA BASE.
   *COMPRAMOS UMA **PENCA** DE BANANAS NA FEIRA.*
2. TAMBÉM PODE SER GRANDE QUANTIDADE DE ALGUMA COISA.

POMAR (PO-MAR) *(SUBSTANTIVO)*
POMAR É UM TERRENO ONDE SÃO PLANTADAS ÁRVORES FRUTÍFERAS.

Ilustrações: Ilustra Cartoon/ Arquivo da editora

QUADRA • QUITANDA

🍃 **QUADRA** (QUA-DRA) *(SUBSTANTIVO)*

1. QUADRA É UM LUGAR ONDE SE PRATICA VÁRIOS ESPORTES.

    *TODAS AS TARDES, JOGAMOS VÔLEI NA **QUADRA** DA ESCOLA.*

2. TAMBÉM PODE SER UM ESPAÇO CERCADO POR QUATRO RUAS.

    *MINHA CASA FICA NA SEGUNDA **QUADRA** DO CONDOMÍNIO.*

🍃 **QUATI** (QUA-TI) *(SUBSTANTIVO)*

QUATI É UM ANIMAL MAMÍFERO PEQUENO COM FOCINHO LONGO E ANÉIS ESCUROS NA CAUDA. O QUATI VIVE EM ÁRVORES E SE ALIMENTA DE CARNE.

🍃 **QUEBRA-CABEÇA** (QUE-BRA-CA-BE-ÇA) *(SUBSTANTIVO)*

1. QUEBRA-CABEÇA É UM JOGO EM QUE O JOGADOR PRECISA ENCAIXAR VÁRIAS PEÇAS PEQUENAS PARA FORMAR UMA FIGURA.

    *GANHEI UM **QUEBRA-CABEÇA** DE MIL PEÇAS NO MEU ANIVERSÁRIO.*

2. TAMBÉM PODE SER UMA TAREFA OU PROBLEMA QUE PREOCUPA, QUE É DIFÍCIL DE RESOLVER.

    *A PARTIR DAS PISTAS, CONSEGUIMOS MONTAR O **QUEBRA-CABEÇA** E RESOLVER O CRIME.*

🍃 **QUENTE** (QUEN-TE) *(ADJETIVO)*

É ALGO OU ALGUÉM QUE TRANSMITE CALOR, QUE TEM TEMPERATURA ALTA.

*O BEBÊ ESTAVA **QUENTE**, POR ISSO COLOCAMOS O TERMÔMETRO PARA MEDIR SUA TEMPERATURA.*

🍃 **QUITANDA** (QUI-TAN-DA) *(SUBSTANTIVO)*

QUITANDA É O NOME DE UM LOCAL ONDE SE VENDEM FRUTAS, VERDURAS, OVOS E CEREAIS, ENTRE OUTRAS COISAS.

É O MESMO QUE MERCEARIA OU VENDA.

*TODAS AS QUINTAS-FEIRAS VOU À **QUITANDA** PARA COMPRAR LEGUMES FRESCOS.*

RAMO • ROUXINOL

RAMO (RA-MO) *(SUBSTANTIVO)*

RAMO É O NOME DE CADA UMA DAS PARTES QUE BROTAM DO TRONCO OU DOS GALHOS DE UMA PLANTA. É O MESMO QUE GALHO PEQUENO.

REI (REI) *(SUBSTANTIVO)*

1. É UM HOMEM QUE COMANDA OU REPRESENTA UM REINO.

   OS **REIS** E AS RAINHAS MORAVAM EM CASTELOS E USAVAM COROAS.

2. TAMBÉM É O NOME DE UMA CARTA DO BARALHO E DA PEÇA PRINCIPAL DO JOGO DE XADREZ.

RESPEITAR (RES-PEI-TAR) *(VERBO)*

1. RESPEITAR É A AÇÃO DE TRATAR COM RESPEITO. É O MESMO QUE CONSIDERAR.

   PRECISAMOS **RESPEITAR** OS MAIS VELHOS.

2. TAMBÉM SIGNIFICA OBEDECER, SEGUIR, CUMPRIR.

   OS MOTORISTAS E OS PEDESTRES DEVEM **RESPEITAR** AS LEIS DE TRÂNSITO.

ROTINA (RO-TI-NA) *(SUBSTANTIVO)*

ROTINA É O ATO DE FAZER AS COISAS SEMPRE DO MESMO JEITO, SEM MUDAR NADA.

NA **ROTINA** DA ESCOLA, ESTÃO PREVISTAS ATIVIDADES NO PARQUE E DE ARTE TODAS AS SEGUNDAS-FEIRAS.

ROUPÃO (ROU-PÃO) *(SUBSTANTIVO)*

ROUPÃO É UMA PEÇA DE VESTUÁRIO, LONGA OU CURTA, ABERTA NA FRENTE, COM MANGAS COMPRIDAS OU CURTAS E UM CINTO DO MESMO TECIDO.

EM GERAL, OS ROUPÕES SÃO USADOS DEPOIS DO BANHO OU DEPOIS DE SAIR DA PRAIA OU DA PISCINA.

ROUXINOL (ROU-XI-NOL) *(SUBSTANTIVO)*

ROUXINOL É O NOME DE UM PÁSSARO DE CANTO MELODIOSO.

O CANTO DO **ROUXINOL** É ENCANTADOR.

SÁBIO (SÁ-BIO) *(ADJETIVO)*

SÁBIO É UMA PESSOA QUE TEM MUITA SABEDORIA, QUE SABE MUITO.

*APRENDO MUITAS COISAS COM MEU AVÔ, POIS ELE É MUITO **SÁBIO**.*

SAUDADE (SAU-DA-DE) *(SUBSTANTIVO)*

SAUDADE É UM SENTIMENTO CAUSADO PELA AUSÊNCIA DE UMA PESSOA DE QUEM GOSTAMOS.

*SINTO **SAUDADE** DOS MEUS COLEGAS DO PRIMEIRO ANO.*

SEMÁFORO (SE-MÁ-FO-RO) *(SUBSTANTIVO)*

É O APARELHO QUE ORIENTA O TRÂNSITO POR MEIO DE LUZES COLORIDAS. É O MESMO QUE SINAL DE TRÂNSITO, FAROL, SINALEIRO OU SINALEIRA.

SÍMBOLO (SÍM-BO-LO) *(SUBSTANTIVO)*

SÍMBOLO É QUALQUER OBJETO, SINAL, FIGURA OU IMAGEM QUE REPRESENTA ALGUMA COISA.

*PARA ALGUNS, A CORUJA É UM **SÍMBOLO** DE SABEDORIA.*

SUPERSTIÇÃO (SU-PERS-TI-ÇÃO) *(SUBSTANTIVO)*

É UM CONJUNTO DE CRENÇAS DE UM POVO, TRANSMITIDAS DE GERAÇÃO EM GERAÇÃO.

*EXISTE A **SUPERSTIÇÃO** DE QUE QUEBRAR UM ESPELHO TRAZ SETE ANOS DE AZAR.*

SURFE (SUR-FE) *(SUBSTANTIVO)*

É UMA MODALIDADE ESPORTIVA MARÍTIMA EM QUE O PRATICANTE SE EQUILIBRA EM PÉ SOBRE UMA PRANCHA, FAZ MANOBRAS E DESLIZA NA CRISTA DE UMA ONDA.

- **TATO** (TA-TO) *(SUBSTANTIVO)*
O TATO É UM DOS CINCO SENTIDOS DO NOSSO CORPO. É POR MEIO DELE QUE PODEMOS SENTIR O CALOR, O FRIO, A FORMA E A ESPESSURA. A PELE É O ÓRGÃO DO TATO.

- **TETO** (TE-TO) *(SUBSTANTIVO)*
TETO É A PARTE SUPERIOR INTERNA DE UMA CONSTRUÇÃO.

  *PRECISAMOS PINTAR O **TETO** E AS PAREDES DE NOSSA CASA.*

- **TOSTAR** (TOS-TAR) *(VERBO)*
TOSTAR QUER DIZER QUEIMAR DE LEVE, TORRAR.

  *MINHA MÃE **TOSTA** PÃES TODA MANHÃ.*

- **ULTRAPASSAR** (UL-TRA-PAS-SAR) *(VERBO)*
ULTRAPASSAR SIGNIFICA SUPERAR, IR ALÉM. É O MESMO QUE PASSAR À FRENTE.

  *DURANTE A CORRIDA, **ULTRAPASSEI** MEU COLEGA.*

- **URGENTE** (UR-GEN-TE) *(ADJETIVO)*
URGENTE QUER DIZER ALGO QUE PRECISA SER FEITO OU ATENDIDO IMEDIATAMENTE, QUE NÃO PODE SER DEIXADO PARA DEPOIS.

  *RECEBI UM RECADO **URGENTE**!*

- **UTILIZAR** (U-TI-LI-ZAR) *(VERBO)*
UTILIZAR É FAZER USO DE ALGUMA COISA.

  *VOU **UTILIZAR** A BATEDEIRA PARA FAZER O BOLO.*

VASO • WINDSURFE

VASO (VA-SO) *(SUBSTANTIVO)*
VASO É O NOME DE UM OBJETO FEITO DE BARRO, PLÁSTICO OU OUTRO MATERIAL. É UTILIZADO PARA PLANTAR FLORES E OUTRAS PLANTAS OU COMO ENFEITE.
*PLANTEI VÁRIAS MARGARIDAS NO **VASO**.*

VER (VER) *(VERBO)*
VER QUER DIZER ENXERGAR.
***VI** DE LONGE QUANDO MINHA MÃE CHEGOU.*

VIAJAR (VI-A-JAR) *(VERBO)*
VIAJAR É O ATO DE FAZER UMA VIAGEM. É SAIR DE UM LUGAR E IR PARA OUTRO UM POUCO LONGE.
*NAS FÉRIAS VOU **VIAJAR** PARA O INTERIOR.*

VILAREJO (VI-LA-RE-JO) *(SUBSTANTIVO)*
VILAREJO É UMA VILA OU UM POVOADO PEQUENO. É O MESMO QUE LUGAREJO.

VISÃO (VI-SÃO) *(SUBSTANTIVO)*
1. A VISÃO É UM DOS CINCO SENTIDOS DO CORPO HUMANO. É POR MEIO DELA QUE VEMOS TODO O MUNDO À NOSSA VOLTA. O ÓRGÃO DA VISÃO É O OLHO.
2. TAMBÉM QUER DIZER IMAGEM QUE SE ACREDITA VER EM SONHOS, QUE NÃO É REAL.

WAFFLE (UÁFEL) *(SUBSTANTIVO)*
PALAVRA DE LÍNGUA INGLESA. *WAFFLE* É UM TIPO DE PANQUECA ASSADA, DE MASSA GROSSA, QUE É CONSUMIDA PURA OU COM GELEIA, MEL OU MANTEIGA.

WINDSURFE (WIND-SUR-FE) *(SUBSTANTIVO)*
WINDSURFE É UMA MODALIDADE ESPORTIVA AQUÁTICA EM QUE O ESPORTISTA SE DESLOCA DE PÉ SOBRE UMA PRANCHA PARECIDA COM A DE SURFE, PORÉM COM UMA VELA.

XAMPU • ZANGADO

XAMPU (XAM-PU) *(SUBSTANTIVO)*

XAMPU É UM SABONETE LÍQUIDO USADO PARA LAVAR OS CABELOS E O COURO CABELUDO.

*EXISTEM TAMBÉM **XAMPUS** PARA CACHORROS.*

XEROCAR (XE-RO-CAR) *(VERBO)*

XEROCAR SIGNIFICA FAZER CÓPIA EM MÁQUINA XEROX. É O MESMO QUE XEROCOPIAR, XEROGRAFAR.

YAKISOBA (IAQUISSOBA) *(SUBSTANTIVO)*

PALAVRA DE LÍNGUA JAPONESA. *YAKISOBA* É O NOME DE UMA COMIDA JAPONESA PREPARADA COM MACARRÃO E VERDURAS REFOGADAS.

ZABUMBA (ZA-BUM-BA) *(SUBSTANTIVO)*

ZABUMBA É UM TAMBOR GRANDE. É O MESMO QUE BUMBO.

ZANGADO (ZAN-GA-DO) *(ADJETIVO)*

ZANGADO QUER DIZER BRAVO, ABORRECIDO, DE MAU HUMOR.

*MEU IRMÃO FICOU **ZANGADO** COMIGO PORQUE EU MEXI NAS COISAS DELE.*